当代中国研究所编

旌勇里国史讲座

JINGYONGLI
GUOSHI JIANGZUO

（第二辑）

当代中国出版社
Contemporary China Publishing House

图书在版编目(CIP)数据

旌勇里国史讲座. 第二辑/刘国新主编；当代中国研究所编.
—北京：当代中国出版社，2008. 10
ISBN 978-7-80170-780-2

Ⅰ. 旌… Ⅱ. ①刘…②当… Ⅲ. 中国—历史—文集
Ⅳ. K207-53

中国版本图书馆 CIP 数据核字(2008)第 160460 号

出 版 人　周五一
责任编辑　柯琳芳　毛颖捷
责任校对　王小芸
封面设计　古　手
出版发行　当代中国出版社
地　　址　北京市地安门西大街旌勇里 8 号
网　　址　http://www.ddzg.net　邮箱:ddzgcbs@sina.com
邮政编码　100009
编 辑 部　(010)66572152　66572264　66572154　66572155
市 场 部　(010)66572281 或 66572155/56/57/58/59 转
印　　刷　北京润田金辉印刷有限公司
开　　本　880×1230 毫米　1/32
印　　张　9.5 印张　2 插页　154 千字
版　　次　2008 年 12 月第 1 版
印　　次　2008 年 12 月第 1 次印刷
定　　价　25.00 元

总　序

当代中国研究所是国家设立的专事编纂与研究中华人民共和国史（以下简称国史）的机构，也是一个成立时间不长的新单位。为了开阔所内研究人员的学术视野，也为了加强所内外的学术交流，更为了活跃国史学界的学术空气和推进国史学科建设，我们于2001年初开始举办月度国史讲座。讲座人主要邀请国内外中华人民共和国史和其他相关学科的知名学者，也邀请共和国重大历史事件的亲历者和各条战线的实际工作者。讲座内容既有对国史研究理论与方法的探究，也有对国史研究中某些专题的解析；既有国史研究领域的热点问题，也有其他相关学科的最新进展；既有对学术观点的切磋，也有对历史事实的叙述。讲座听众以所内人员为主，同时也请所外的研究人员和高等院校国史专业的研究生前来。为了使更多关心和有志丁国史研究而又不能前来听讲的人能够分享这些讲座的知识，我们决定随着讲座的不断延续，依次选择部分讲稿汇编成册，陆续出版。因为当代中国研究所位于什刹海附近的旌勇里八号，故将书名定为《旌勇里国史讲座》。

严格意义上的国史研究，是从1978年中共十一届三中全会之后，特别是中共十一届六中全会通过《关于建国以来党的若干历史问题的决议》开始的，也是从中共党史社会主义时期的研究中分离出来的。但党史是专史，而国史是通史，是断代史。因此，凡是对通史、断代史研究适用的史学理论与方法，对国史研究也同样适用。然而，以往的断代史都是已经结束的、由极少数人压迫多数人的历史，而国史却是正在发展着的、由绝大多数人当家做主的历史。因此，如果说“一切历史都是当代史”（意大利·克罗齐语）的话，那么，国史就更加是“当代史”，更加反映当代人们对当代史的认识，更加具有强烈的现实性和政治性。如果说“灭人之国，必先去其史”（清·龚自珍语）的话，那么，一切被推翻被赶走的敌对势力，为了颠覆新生的人民共和国，更会把攻击的矛头对准共和国的历史。因此，我们并不隐瞒对讲座人的选择标准，那就是：大陆学者要站在维护中华人民共和国利益和尊严的立场上，拥护中国共产党的领导和党在社会主义初级阶段的“一个中心、两个基本点”的基本路线，坚持唯物主义的历史观；而国外和境外学者，要对中华人民共和国持友好态度，赞成一个中国的原则。在这个前提下，我们欢迎讲座人畅所欲言地发表自己的见解和认识，并提倡不同意见的争鸣。正因为如此，收入讲座选集中的观点，有可能是彼此矛盾的，也有可能是我们所不赞成的。

在中国古代，有过当代人不写当代史的情况。这首先是封建制度造成的。那时，所谓当代、前代均以帝王姓氏为标志来划分。在当朝帝王的统治下，史家写史必然颇多忌讳，难以秉笔直书。另外，那时的交通、通讯、印刷等手段落后，各种资料的积累和信息的反馈需要较长时间，客观上也给当代人写当代史造成诸多不便。而现在，这些不利因素大多不复存在。特别是在改革开放后的今天，不仅信息化程度越来越高，而且，建国以来的文献档案被解密、编辑和出版的也越来越多，从而使研究国史的有利条件越来越充分。更重要的是，在封建时代，历史只是少数统治者关心的事，而今天，掌握了自己命运的人民群众迫切希望了解当代的历史。执政的中国共产党更希望通过总结建国后的历史经验，探寻中国特色社会主义建设的规律和党执政的规律，通过正确反映新中国的光辉业绩，教育和鼓舞广大干部和群众继续为中华民族的伟大复兴而团结奋斗。因此，作为专门从事国史编纂和研究的机构，当代中国研究所不仅要努力完成好党和国家交付给自己的任务，还有责任积极扶持和振兴国史学这门年轻的史学分支学科。而举办月度国史讲座，便是其中的措施之一。这个讲座将会不断办下去，讲座选集也将不断出下去。我们希望热心于国史研究的读者看过书后，能够提出宝贵的意见和建议，以便使国史讲座办得更好，使讲座选集更能满足广大读者的需要。

中国社会科学院副院长
当代中国研究所所长

2004年8月

目 录

JING YONG LI
旌勇里国史讲座
GUO SHI JIANG ZUO

关于社会主义改造问题的再评价

主讲：沙健孙

作者简介

沙健孙

博士生导师，中共中央党史研究室教授，中国中共党史学会副会长，中华人民共和国国史学会副会长，教育部高校马克思主义理论课教学指导委员会副主任委员。从事中共党史、毛泽东思想的教学和研究数十年。主要著作:《中国新民主主义革命概论》、《中国革命史论稿》、《中国共产党通史》(五卷本)、《毛泽东思想概论》、《中华人民共和国史》(序卷)等。开设课程:中国革命史专题研究、毛泽东思想研究、毛泽东思想概论等。

一、科学地评价社会主义改造的极端重要性

社会主义改造是我国经济战线上的社会主义革命。它使中国实现了从新民主主义社会到初级阶段的社会主义社会的过渡、从私有制社会到以生产资料公有制为基础的社会的转变。这是中国几千年来最伟大、最深刻的社会变革。由于在这之前，中国共产党领导人民经过长期的革命斗争建立了人民政权，这场社会主义革命是采取人民政权自上而下的领导、人民群众自下而上的支持这种方式进行的，因此，我们把它称作社会主义改造。

对于社会主义改造问题，理论界、史学界存在着一些认识上的分歧，一些人对中国在20世纪50年代进行社会主义改造是否具有必要性和可能性提出了质疑。例如：有人提出，既然改革开放以来个体经济、私营经济有了相当大的发展，那么，当年对它们进行改造是不是有必要？既然目前我国的社会经济结构看起来似乎与新民主主义社会的差不多，那么，初级阶段的社会主义是不是意味着是对新民主主义社会的复归呢？还有人提出，原定三个五年计划的时间实现过渡时期总路线规定的任务，结果仅仅用了四年的时间就完成了。社会主义改造的步骤没有同社会主义工业化的步骤相配合，这是不是在实际上离开马克思主义而走向了小资产阶级的空想社会主义呢？还有人认为，马克思在《〈政治经济学批判〉序言》中说：“无论哪

一个社会形态，在它所能容纳的全部生产力发挥出来以前，是决不会灭亡的；而新的更高的生产关系，在它的物质存在条件在旧社会的胎胞里成熟以前，是决不会出现的。”① 正因为如此，十月革命本身就是早产儿，苏联的垮台证明了这一点。中国的社会主义制度也是这样。中国搞改革，实际上不过是要补所缺的资本主义这一课而已。所有这些，都是我们必须进行思考并加以回答的问题。对这些问题做出科学的回答，具有极大的重要性。

第一，这关系到如何评价中国共产党和人民共和国半个多世纪的历史。半个世纪以来，中国共产党所取得的一切成就，都是在坚持社会主义的思想旗帜、发挥社会主义制度的优越性、坚决走中国自己的建设社会主义道路的条件下取得的。如果否定了社会主义改造，那就是否定了在中国建立社会主义制度的必要性和正确性。这样一来，就一切都谈不上了，半个世纪以来中国共产党和人民共和国在社会主义时期的历史都会被说成是一系列错误的延续了。

第二，这关系到能不能坚持党的基本路线。中国是经过社会主义改造而进入社会主义初级阶段的。如果否定了社会主义改造，那就是否定了中国进入社会主义初级阶段的必要性和正确性。这样一来，我们就无法正确认识中国的基本国情，也根本谈不上坚持党的基本路线不动摇了，因为党的基本路线不是别的，正是党在社会主义初级阶段的基本路线。

第三，这关系到能不能坚持改革的社会主义方向。我们的

① 《马克思恩格斯选集》第2卷，人民出版社1995年版，第33页。

改革，是社会主义制度的完善和发展，它是在坚持社会主义基本制度的前提下进行的。而社会主义制度的全面确立，正是社会主义改造的主要成果。如果否定了社会主义改造，那也就否定了在中国全面确立社会主义制度的必要性和正确性，否定了社会主义基本制度在中国存在的历史根据。这样一来，改革要不要在坚持社会主义基本制度的前提下进行，就会成为问题。由此，各种私有化、自由化的思潮就会泛滥起来，改革的社会主义方向就会难以坚持了。

正因为这个问题关系重大，我们对此是不能不认真地讨论清楚的。需要指出的是：中国共产党和党的领导人对于中国的社会主义改造历来是给予高度评价的。邓小平说过："建国头七年的成绩是大家一致公认的。我们的社会主义改造是搞得成功的，很了不起。这是毛泽东同志对马克思列宁主义的一个重大贡献。今天我们也还需要从理论上加以阐述。当然缺点也有。从工作来看，有时候在有的问题上是急了一些。"① 由邓小平主持起草、经中共十一届六中全会通过的《关于建国以来党的若干历史问题的决议》指出：在过渡时期中，我们党创造性地开辟了一条适合中国特点的社会主义改造的道路。尽管"这项工作中也有缺点和偏差"，但整个说来，在一个几亿人口的大国中，比较顺利地实现了如此复杂、困难、深刻的社会变革，促进了工农业和整个国民经济的发展。这的确是伟大的历史性胜利。这个胜利为中国以后的一切进步和发展奠定了基础。党的十六大报告指出：新中国成立后，我们党创造性地完

① 《邓小平文选》第2卷，人民出版社1994年版，第302页。

成由新民主主义到社会主义的过渡，实现了中国历史上最伟大最深刻的社会变革，开始了在社会主义道路上实现中华民族伟大复兴的历史征程。这是对社会主义改造问题再次做出的明确肯定。我认为，我们的党和党的领导人对社会主义改造所做的评价是正确的，因为这些评价符合历史实际。我们应当从理论与实际的结合上去论证社会主义改造的必要性和正确性，答复人们对此所提出的质疑和进行的责难。下面，我想对这个问题谈一点自己的看法。为了保持论证的完整性，有的地方我不得不重复自己在以往所写的有关文章中的若干论点和材料，这是事先应当说明的。

二、进行社会主义改造是为了适应实现国家工业化这个任务的需要

近代以来，中国面临着争取民族独立、人民解放和实现国家的繁荣富强即实现国家经济的现代化这样两项根本性的历史任务。中华人民共和国的成立，标志着第一项历史任务的基本实现。随着民主革命遗留任务的完成和国民经济的恢复，集中力量进行经济建设即为实现第二项历史任务而奋斗，被突出地提上了党和国家的议事日程。进行经济建设，首先就是要把中国从一个落后的农业国变为一个先进的工业国，就是要实现国家的工业化。怎样才能发展经济，实现国家的工业化呢？从世界历史上看，无非有两条道路：一条是资本主义工业化的道路，这是欧、美、日走过的，而且走通了；一条是社会主义工业化的道路，这是苏联走过的，而且也是走通了的。十月革命

前，俄国是欧洲一个比较落后的国家，由于搞了社会主义的工业化，苏联成了欧洲的第一强国、世界上最强大的两个国家之一。这个事实，是有说服力的。

中国究竟应该走什么道路呢？近代以来的历史表明，中国要走资本主义工业化的道路，实际上是走不通的。从19世纪60年代末、70年代初中国民族资本主义工业产生以来，由于受到外国垄断资本的压迫和本国封建生产关系的束缚，始终处于举步维艰的境地。经过七八十年的发展，到1949年，整个民族工业资本不过只有20.08亿元人民币（1952年币值）。它对外国垄断资本具有相当大的依赖性。由于未能形成一个独立的、比较完整的工业体系和国民经济体系，新中国如果不搞社会主义，而走资本主义道路，就仍然不可能摆脱对于外国垄断资本的依赖。这样，中国就难免会成为外国垄断资本的加工厂和单纯的廉价原料、廉价劳动力的供应地，就像现在亚洲、非洲、拉丁美洲的许多国家和地区那样。如果出现这种情况，中国的经济还有可能迅速发展起来吗？

中国这样一个大国，企图主要靠外国提供资金和机器设备等来求得发展，是不可想像的。而且，由于经济上依赖外国，在政治上就挺不起腰杆，连已经争得的独立也可能丧失掉。所以，如果搞资本主义，搞来搞去，就会搞成西方资本主义大国的附庸了。这种危险是现实存在的。这就是说，在帝国主义时代，中国通过走资本主义道路实现现代化的历史机遇已经丧失了。正因为如此，早在20世纪50年代初，毛泽东就明确指出：“资本主义道路，也可增产，但时间要长，而且是痛苦的道路。我们不搞资本主义，这是定了的，如果又不搞社会主义，那就要两头落空。”①

中国为什么在20世纪50年代选择了社会主义？胡乔木在1989年曾以此为题写过一篇文章。他在这篇文章中，正是从如何实现工业化和现代化的角度来论述中国进行社会主义改造的必要性的。他指出，决定中国选择社会主义的，有以下四个基本因素：第一，“中国政府实行了全国财政经济的统一”。“这是中国选择社会主义的重要关键”。因为经验表明，“一定程度的统一计划性，以及拥有相应的物质手段或宏观调控能力，对于国民经济的稳定发展始终是必要的”。第二，“中国国营经济的日益强大”。第一个五年计划的任务主要是由国营经济承担的，这当然需要大大扩大社会主义性质的国营经济。第三，“资本主义经济的弱小和发展困难。”它不可能成为国家实现工业化的主要依靠。而且资本主义经济与政府、国营经济和社会的矛盾及其发展，使“人们开始认识到，资本主义工商业不仅需要进一步改组，而且需要通过国家资本主义的过渡形式逐步改造为社会主义。”第四，新中国的国际环境。据此，他得出结论说：“中国经济在五十年代的最重要事件就是选择了社会主义”。“就五十年代中国经济和中国历史的全局而论，重要的是，无论早几年或迟几年，保留多少私有成分，经济管理上和计划方法上具有多大程度应有的灵活多样性，总之，对社会主义的选择是不可避免的。”② 在这篇文章中，胡乔木没有论述农业问题。他认为，这是一个需要专门讨论的问题。在这里，我

① 《毛泽东文集》第6卷，人民出版社1999年版，第299页。
② 《胡乔木文集》第2卷，人民出版社1993年版，第252～260页。

想补充说明的是，对农业进行社会主义改造，恰恰是党和国家为推进工业化的事业所做出的一项重大而又必需的抉择。因为这样做，乃是实现国家工业化的重要条件之一。

土地改革以后，农业生产摆脱了封建生产关系的束缚，一个时期有过相当大的发展，但是，由于实行个体经营，这种发展又受到相当大的限制。个体农户耕地很少，一般每人3亩，一户十来亩，经营规模极小；生产工具严重不足，贫雇农每户平均仅占有耕畜0.47头，犁0.41部；资金十分短缺，一个农户一年用来购买生产资料的支出仅为52.3元，其中用于购买生产工具的为6.5元。在这种情况下，农民要兴修农田水利设施，平整土地和改良土壤，使用改良农具以至机器来进行耕作、播种、收获，实行分工制度来发展多种经营等，都有很大的困难。许多农户不仅无力进行扩大再生产，就是连简单再生产也难以维持。由于力量单薄，遇到自然灾害，更是没有抗御的能力。如果不引导个体农民走组织起来的道路，不仅广大农民不能进一步改善自己的生活，而且农村也不可能为工业的发展提供必要的商品粮食、轻工业原料、工业品市场和积累工业发展的资金等条件，从而会成为工业发展的严重的制约因素。个体农业的这种状况，也是中国选择社会主义的基本因素之一。

中国农村是在1955年下半年掀起合作化高潮的。以下两条材料对于我们理解中共中央为什么在当时做出关于加快农业合作化进程的决策很有帮助。

其一，陈云在1956年4月应邀访问越南时与越南劳动党主席胡志明等人的谈话。陈云说："在农业增产方面，中国摸索了六年。起初注意开荒，但可开垦的大片荒地在东北和西北。那里居民稀少，每年只能耕种一次，必须移民和用机器，花钱多。在东北每亩需五十元，西北每亩七八十元，而年产量是一二百斤。假如开荒一亿亩，投入五十亿元，产量以每亩二百斤算，不过二百亿斤，收获不大。所以这不是三五年内实现粮食大增产的好办法。至于搞大型水利工程，也不能满足在短期内大增产的要求。”因为搞大型水利工程，投资巨大，工期很长，所以它也不能成为三五年内增产粮食的主要措施。“去年下半年，中国农业合作化高潮到来，这是中国短时期内花钱最少又可能实现最大增产计划的一条路。”因为长江以北要增产，要把旱地大量改变成水浇地；长江以南要增产，要增加复种面积。这两者的关键在于搞水。“合作化后，组织起来的农民自己动手搞水利。人还是那些人，但组织起来力量就大得多，积肥、改良农具和种子、改进耕作技术等等以前不易办的事，合作化以后都不难了。”①

其二，毛泽东于1958年9月5日在第十五次最高国务会议上的讲话。在这个讲话中，毛泽东谈到了1955年上半年那种“人人谈统购，家家说粮食”的情况。他说：那个时期你说粮食没有危机，我看也可以讲是一种危机。一个原因是因为粮食不足，还有一个原因就是富裕中农兴风作浪。其中主要是共产党员，那些当了县区乡干部的党员，他们煽起一些农民，本来是够吃的，也说不够吃，用种种办法来吵。这一压迫，就打主意吧，就搞合作化。合作化的决心就是那个时候搞起来的。由于破除了种种迷信，没有几个月，合作化就搞起来了。然后又

① 《陈云年谱（1905~1995）》中卷，中央文献出版社2000年版，第299页。

影响工商界，敲锣打鼓，全行业实行公私合营。

以上材料表明：中共中央做出的大搞农业合作化的决策，是建立在运用马克思主义对我国农村状况及农业增产途径进行科学分析的基础之上的，其首要目的，在于通过搞合作化以增产粮食，从而适应国家工业化事业发展的需要。由此可见，党和国家提出进行社会主义改造的任务，并不是出于一种抽象的社会主义信念，而是从实现国家工业化的实际需要出发考虑的。大家知道，在20世纪的50年代初期，在宣传党在过渡时期总路线的时候，对这条总路线的内容有过一种通俗的解释：好比一只鸟，它要有一个主体，这就是发展社会主义工业；它又要有一双翅膀，这就是对农业、手工业和私营工商业的社会主义改造。只有进行这些方面的改造，鸟的两翼丰满了，鸟的主体才能腾飞起来。这里所要表达的意思是再清楚不过的：主要的任务是实现国家工业化，而为了实现国家工业化就必须进行社会主义改造。

三、新民主主义社会的过渡性质和党提出过渡时期总路线的正确性

1952年9月24日，毛泽东在中共中央书记处会议上提出，我们要在“十到十五年，基本上完成社会主义，不是十年以后才过渡到社会主义”。1953年6月15日，他在中央政治局扩大会议上对党在过渡时期总路线的基本内容做出了明确的表述。毛泽东的意见，得到了中央的赞同。毛泽东及中共中央对过渡到社会主义的方式的这种新的主张，是适应形势的发展而提出

的正确指导方针，即在认识上的一次与时俱进呢，还是对原有的正确的指导方针的背离，即在认识上的一种倒退呢？为了弄清楚这个问题，我们必须首先弄清楚新民主主义社会的性质。因为如果新民主主义社会是一个独立的社会形态，它的社会经济结构在一个相当长的历史时期内将基本保持不变，那么，把向社会主义过渡作为一个直接的任务提出来就是不正确的；如果新民主主义社会本身具有过渡性，即它是向社会主义社会过渡的一个阶段，那么，把向社会主义过渡作为一个直接的任务提出来，就是完全必要的和正确的了。

中国新民主主义革命胜利以后所建立起来的社会是新民主主义社会。全国胜利前夕，1948 年 9 月召开的中共中央政治局会议对新民主主义社会经济形态进行过分析。在这之前，不仅张闻天，包括毛泽东在内的许多人都有过新民主主义经济是“新资本主义”这种提法。在这次会议上，毛泽东提出，“新资本主义”“这个名词是不妥当的，因为它没有说明在我们社会经济中起决定作用的东西是国营经济、公营经济，这个国家是无产阶级领导的，所以这些经济都是社会主义性质的”。我们的社会经济的名字还是叫“‘新民主主义经济’好”。所谓新民主主义经济，就是“社会主义经济领导之下的经济体系”。① 也是在这次会议上，刘少奇提出，民主革命胜利以后产生的新社会的主要矛盾，是“无产阶级与资产阶级的这种斗争，是社会主义与资本主义的两条道路的斗争”。②毛泽东赞同刘少奇的

① 《毛泽东文集》第 5 卷，人民出版社 1996 年版，第 139、141 页。

② 《刘少奇年谱（1898～1969）》下卷，中央文献出版社 1996 年版，第 162 页。

这个观点，并且提出，“我们要努力发展经济，由发展新民主主义经济过渡到社会主义。”① 1949 年 3 月，中共七届二中全会决议明确指出，全国胜利以后，中国社会的主要矛盾，就是无产阶级与资产阶级的矛盾。这实际上已经是把进行社会主义革命的任务提出来了，因为革命的性质是由社会的主要矛盾所决定的，而只有社会主义革命才担负着解决无产阶级与资产阶级之间这个主要矛盾的任务。决议的主要内容之一，就是着重规定了中国从农业国转变为工业国、由新民主主义社会转变到社会主义社会的总任务和主要途径，因为决议提出的要加以发展的合作经济和国家资本主义经济，正是把个体经济和私人资本主义经济改造为集体经济和全民所有制经济的过渡形式。七届二中全会决议的主要精神，在《中国人民政治协商会议共同纲领》关于经济政策的条文中也有相适应的规定。比如，第 31 条规定，“在必要和可能的条件下，应鼓励私人资本向国家资本主义发展”；第 34 条规定，“应引导农民逐步地按照自愿和互利的原则，组织各种形式的劳动互助和生产合作”。诚然，纲领并没有把“新民主主义是一个过渡性质的阶段，一定要向更高级的社会主义和共产主义阶段过渡”这个前途明确地规定出来。对此，周恩来在当时就指出，“现在暂时不写出来，不是否定它，而是更加郑重地看待它。而且这个纲领中经济的部分里面，已经规定要在实际上保证向这个前途走去”。②

实际上，新中国成立后，即新民主主义社会在全国范围内

① 《毛泽东文集》第 5 卷，人民出版社 1996 年版，第 146 页。
② 《周恩来选集》上卷，人民出版社 1980 年版，第 368 页。

建立起来以后，社会主义改造的工作即经济战线上的社会主义革命也就开始了。这主要表现在以下三个方面：第一，没收官僚资本，确立社会主义性质的国营经济的领导地位。没收官僚资本，从反对外国帝国主义的附庸——中国的买办资产阶级的角度看，具有民主革命的性质；从反对中国的大资产阶级的角度看，又具有社会主义革命的性质。因为通过没收官僚资本，中国资本主义经济的主体部分被改造为社会主义性质的国营经济了，中国资产阶级的主体部分——大资产阶级被消灭了。第二，在利用资本主义工商业的过程中，已经开始对它进行适当的限制并把其中的大部分引上了初级形式的国家资本主义的道路，即使之开始接受社会主义改造。比如，1952 年，私营工业产值的 56% 已属于加工、订货、收购、包销部分。在这个过程中，私营经济中不利于国计民生的部分被削弱以至淘汰。私营经济在数量上是明显上升的，但在国民经济中的比重却下降了。比如，工业方面，1949 年国营占 33.4%，私营占 62.7%；1952 年，国营已占 50%，私营降为 42%。第三，土改以后，个体农民已经开始走上互助合作的道路。1952 年，全国已有 40% 的农户参加了互助组，少数农户还参加了半社会主义及全社会主义性质的农业生产合作社。

这些事实表明，新民主主义社会不是一个凝固不变、相对独立的社会形态。它本身确实具有过渡性，它确实是处在“很剧烈、很深刻的变动”之中的。中共中央提出过渡时期的总路线，正是反映了这种状况。因此，《关于建国以来党的若干历史问题的决议》明确指出，党提出这条总路线，反映了历史的必然性，是完全正确的。

正是在提出总路线的时候，党进一步对新民主主义社会的性质做出了明确的界定，即这个“新民主主义社会，是一个过渡性质的社会”，它“是属于社会主义体系的和逐步过渡到社会主义社会去的过渡性质的社会”。[①] 正因为新民主主义社会具有过渡的性质，它不是一个独立的社会形态，因此，主张“确立新民主主义秩序”和“巩固新民主主义制度”，就是不切实际的和不妥当的了。“确立新民主主义社会秩序”这句话，曾经写在周恩来1953年2月4日向全国政协一届四次会议的报告稿上，原话是，新中国成立以来取得的成就“说明我国的新民主主义社会秩序已经确立”。毛泽东在审阅时删去了这句话。他认为，过渡时期每天都在变动，每天都在发生社会主义因素。所谓“新民主主义社会秩序”要确立是很难的。他在1953年6月15日召开的中共中央政治局会议上说：“过渡时期充满着矛盾和斗争，是变动很剧烈很深刻的时期。我们现在的革命斗争，甚至比过去的武装斗争还要深刻，要在十年到十五年使资本主义绝种。‘确立新民主主义社会秩序’的想法，是不符合实际斗争情况的，是妨碍社会主义事业的发展的。”[②]

实际上，在周恩来的政协报告稿之前，中国共产党第一次组织工作会议于1951年4月9日通过的关于整顿党的基层组织的决议中，就曾经出现过党“现在为巩固新民主主义制度而斗争”这种提法。为此，中共中央在1953年12月11日给各中

---

① 《建国以来重要文献选编》第4册，中央文献出版社1993年版，第695、697页。

② 逄先知、金冲及主编：《毛泽东传（1949～1976）》（上），中央文献出版社2003年版，第255页。

央局、分局并转省、市委的电报中指出：“现在为巩固新民主主义制度而斗争，将来为转变到社会主义制度而斗争的提法，是不妥当的。”认为这段文字应改为：“中国共产党的最终目的，是要在中国实现共产主义社会。从中华人民共和国成立以后，我们的国家就开始进入一个新的历史时期，即为逐步过渡到社会主义社会而斗争的时期。”[①] 共产党员“现在为巩固新民主主义制度而斗争”的提法，最早见于1951年3月刘少奇在组织工作会议上所作的《共产党员标准的八项条件》的报告。[②]

关于中国共产党对这个问题的认识统一过程，薄一波曾做过比较详细的记载和论述。他指出：毛主席的批评，着眼点是在“确立”二字上，并未否定新民主主义社会的提法。他认为，“毛主席是对的。因为我国革命胜利以后，虽然建立了新民主主义社会秩序，但这只是一个过渡性的时期，是要逐步过渡到社会主义去的”。要加以“确立”、“巩固”的确很难。“所以，当毛主席适时地提出了党在过渡时期的总路线，批评了‘确立’的观点之后，党内高层领导同志，包括少奇同志，大家都是心悦诚服接受的。全党很快统一到毛主席的正确思想上来。”[③] 1954年9月15日，刘少奇在《关于中华人民共和国宪法草案的报告》中，对新民主主义社会的过渡性做了深入的论证，对“巩固新民主主义秩序”这种说法进行了公开的批

---

① 《建国以来重要文献选编》第2册，中央文献出版社1992年版，第207、211~212页。

② 《刘少奇选集》下卷，人民出版社1985年版，第62页。

③ 薄一波：《若干重大决策与事件的回顾》上卷，中共中央党校出版社1991年版，第66页。

评。他说，或许有人想能不能把新民主主义社会这种既有资本主义、又有社会主义的现状永远保存下去，不要改变，从而既不走资本主义道路、也不走社会主义道路呢？答复是否定的。因为“我国正处在建设社会主义社会的过渡时期。在我国，这个时期也叫做新民主主义时期，这个时期在经济上的特点，就是既有社会主义，又有资本主义”。“社会主义和资本主义两种相反的生产关系，在一个国家里互不干扰地平行发展，是不可能的。中国不变成社会主义国家，就要变成资本主义国家，要它不变，就是要事物停止不动，这是绝对不可能的”。而“巩固新民主主义秩序”这种说法，正是反映了这种维持现状的思想。还应当注意到，近代以来中国的历史经验已经证明，想要使中国变成一个资本主义国家，纯粹是幻想。如果还有人不愿抛弃并且坚持这种幻想的话，那他们就有可能走到帝国主义所指引的危险的道路上去。因为他们既然坚持要使中国走资本主义的道路，就势必要同帝国主义国家联系起来，而帝国主义却不会让中国成为独立的资本主义的国家，只会使中国成为帝国主义和封建买办阶级统治的殖民地。“所以我国只有社会主义这条唯一的光明大道可走，而且不能不走，因为这是我国历史发展的必然规律。”①

四、由于具备一定的条件，“在一个很不发达的中国能搞社会主义”

长期以来，在国际共产主义运动中，对于经济文化落后的

① 《刘少奇选集》下卷，人民出版社1985年版，第143～144页。

国家能不能搞社会主义这个问题，就是有激烈争论的。第二国际的领袖伯恩斯坦、考茨基等修正主义分子和俄国孟什维克这个机会主义派别，就是以“俄国的生产力还没有达到足以实现社会主义社会的水平”作为唯一的论据来反对十月革命、反对俄国搞社会主义的。伯恩斯坦认为，由于俄国的农业还占优势，工业也刚刚拥有就整个说来很少受过训练的工人阶级，“俄国的社会发展还根本够不上实现社会主义社会”。考茨基认为，俄国在民主革命之后，必须“加速资本主义发展”，只有当无产阶级在“资本主义发展的基础上成熟起来”之后，才能进行社会主义革命。在俄国，这种观点在孟什维克内部占统治地位。就是在布尔什维克内部，个别人（如加米涅夫）也认为，在欧洲经济最落后的国家内民主革命尚未完成的环境之下，在乡村中甚至还没有消灭农奴制的时候，是不宜采取社会主义的步骤的。这种观点，在中国共产党内也有反映。陈独秀也是依照类似的根据，认定民主革命胜利之后中国社会将进入一个漫长的资本主义的和平发展时期，然后才能进行社会主义革命。这是他后来犯右倾机会主义错误的重要的认识根源。今天，某些人否定社会主义改造所依据的也是类似的理由。为了回答这个问题，我们有必要考察一下马克思、列宁关于社会革命前提条件的论述，因为人们对于这个问题所作的否定性的回答，正是以引证马克思、列宁的有关思想作为立论根据的。

的确，马克思在《〈政治经济学批判〉序言》中提出过“两个决不会”的论点。但是，我们不能把这个论点理解为，只要生产力的发展没有停滞和倒退，资本主义制度就决不会灭亡，社会主义革命就决不应当发生。因为生产力是生产中最活跃、最革命的因素，它自身就是具有向前发展的能力。奴隶制社会和封建社会的末期，许多国家的生产力也并没有绝对的停滞或倒退。即使半殖民地半封建的旧中国的情况，在一个时期里也曾经是如此。实际上，马克思在提出“两个决不会”这个论点的同时，他还指出：“社会的物质生产力发展到一定阶段，便同它们一直在其中运动的现存生产关系或财产关系（这只是生产关系的法律用语）发生矛盾。于是这些关系便由生产力的发展形式变成生产力的桎梏。那时社会革命的时代就到来了。”① 这就是说，当资本主义的生产关系对于生产力的发展起着阻碍作用的时候，如果具备了相应的其他条件，社会主义革命的发生就会是必要的和可能的。

资本主义的发展使人类的历史成了世界历史。我们在观察资本主义制度的作用时，必须具有世界历史的眼光。观察当代中国的问题，没有世界历史的眼光，是不可能得出正确的结论的。应当注意马克思、恩格斯说过的如下的话：“按照我们的观点，一切历史冲突都根源于生产力和交往方式之间的矛盾”。但是，并“不一定非要等到这种矛盾在某一国家发展到极端尖锐的地步，才导致这个国家内发生冲突。由广泛的国际交往所引起的同工业比较发达的国家的竞争，就足以使工业比较不发达的国家内产生类似的矛盾”。② 这种矛盾的发展，在一定条件下，也可能导致社会主义革命。实际上，发达资本主义国家的发达，是以保持不发达国家的不发达为条件的。它们阻塞了这

① 《马克思恩格斯选集》第2卷，人民出版社1995年版，第32~33页。
② 《马克思恩格斯选集》第1卷，人民出版社1995年版，第115~116页。

些国家经由发展资本主义走向富强的途径。这已经由许多国家的历史所证明。这正是社会主义革命为什么首先在落后国家而不是在发达国家发生的重要原因之一。

这里还有必要谈一下马克思与查苏利奇的通信。1881 年 2 月，查苏利奇致信马克思，希望他能说明一下俄国“农村公社可能有的命运以及世界各国由于历史的必然性都应经过资本主义生产各阶段的理论的看法”。马克思指出：他在《资本论》里所作的分析，既没有提供肯定俄国农村公社有生命力的论据，也没有提供否定农村公社有生命力的论据，一切决定于具体的条件。他认为，由于农村公社是与资本主义同时存在的东西，俄国并不是脱离现代世界而孤立生存的，所以，如果其他条件具备，“它能够不通过资本主义制度的卡夫丁峡谷，而占有资本主义制度所创造的一切积极的成果”。① 条件之一就是，“必须有俄国革命”，必须对吸取资本主义文明的成果采取积极的态度。尽管在事实上俄国的农村公社并没有成为俄国社会新生的支点，马克思在这里所阐明的思想，对于观察俄国这样的国家走向社会主义的条件，从方法论的角度看，仍然是具有重要的指导意义的。

后来，恩格斯在《法德农民问题》一文中更说过：“假如我们不得不等到资本主义生产到处都发展到底以后，等到最后一个小手工业者和最后一个小农都变成资本主义大生产的牺牲品以后，再来实现这个改造，那对我们可就太糟了。”② 这个思

① 《马克思恩格斯选集》第 3 卷，人民出版社 1995 年版，第 775、770 页。
② 《马克思恩格斯选集》第 4 卷，人民出版社 1995 年版，第 500 页。

想对于我们思考这个问题，也是有启发的。

俄国曾经是一个经济文化落后的国家。直到1913年，仍然是一个落后的农业国。在工农业总产值中，工业占42.1%，农业占57.9%。虽然如此，列宁在1905年革命的前夕，还是根据马克思、恩格斯关于不断革命的原理以及必须把农民革命运动和无产阶级革命运动结合起来的思想，明确地指出，我们将立刻由民主革命开始向社会主义过渡，并且恰恰是按照我们的力量，按照有觉悟、有组织的无产阶级的力量开始向社会主义革命时期过渡。在十月革命中，列宁胜利地领导俄国人民实现了这个转变。1923年，他写了《论俄国革命——评尼·苏汉诺夫的札记》一文。孟什维克苏汉诺夫在《革命札记》一书中，曾经认为列宁的上述理论“缺少对俄国社会主义的‘客观前提’的分析，即对社会经济条件的分析”，在他看来，经济文化落后的俄国是缺乏进行社会主义革命的客观前提的。对此，列宁回答说：“你们说，为了建设社会主义就需要文明。好极了。那么，我们为什么不能首先在我国为这种文明创造前提，如驱逐地主，驱逐俄国资本家，然后开始走向社会主义呢？”“既然建立社会主义需要一定的文化水平（虽然谁也说不出这个一定的‘文化水平’究竟是什么样的，因为这在各个西欧国家都是不同的），我们为什么不能首先用革命手段取得达到这个一定水平的前提，然后在工农政权和苏维埃制度的基础上赶上别国人民呢？”这就是说，在列宁看来，社会主义制度固然是应当建立在高度发展的生产力的基础之上的，但是，如果革命时机成熟，落后国家的无产阶级也应当不失时机地去进行革命，夺取政权，建立苏维埃制度，以便为生产力的高度发展创造前提。这样做，是不是违反了马克思主义的原理呢？列宁认为，没有。他说，世界历史发展的一般规律，不仅丝毫不排斥个别发展阶段在发展的形式上或顺序上表现出特殊性，反而是以此为前提的。不懂得这一点，就是对马克思主义中有决定意义的东西即革命辩证法一点也不理解，就是对马克思主义的理解“迂腐到无以复加的程度”。① 在这之前，正是按照上述思想，列宁在论述殖民地和落后国家的革命时还直接说过：“在先进国家无产阶级的帮助下，落后国家可以不经过资本主义发展阶段而过渡到苏维埃制度，然后经过一定的发展阶段过渡到共产主义。”②

由此可见，认为落后国家在资本主义获得高度发展之前绝对不能进行社会主义革命这种观点，并不是马克思、列宁的思想。

毛泽东在坚定不移地领导中国人民进行社会主义改造（社会主义革命）这个伟大的事业时，是遵循了马克思主义的上述理论的。他还结合世界革命的历史经验和中国革命的实际，对这个理论做出了创造性的发挥。他进一步明确指出：首先制造舆论，夺取政权，然后解决所有制问题，再大大发展生产力，这是一般规律。他说，“从世界的历史来看，资产阶级工业革命，不是在资产阶级建立自己的国家以前，而是在这以后；资本主义生产关系的大发展，也不是在上层建筑革命以前，而是在这以后。都是先把上层建筑改变了，生产关系搞好了，上了轨道了，才为生产力的大发展开辟了道路，为物质基础的增强

---

① 《列宁选集》第4卷，人民出版社1995年版，第775～778页。
② 同上书，第279页。

准备了条件。当然，生产关系的革命，是生产力的一定发展所引起的。但是，生产力的大发展，总是在生产关系改变以后。”[①] 这个一般规律，对于无产阶级革命，也是适用的。

我们知道，资本主义的社会化大生产，经历了简单协作、工场手工业和工厂机器生产这样几个发展阶段。据此，毛泽东指出，“手工工场是非机器生产的资本主义。这种资本主义生产关系产生了一种改进技术的需要，为采用机器开辟了道路。在英国，是资产阶级革命（十七世纪）以后，才进行工业革命（十八世纪末到十九世纪初）。法国、德国、美国、日本，都是经过不同的形式，改变了上层建筑、生产关系之后，资本主义工业才大大发展起来。”[②] 毛泽东认为，在经济落后的中国，民主革命胜利之后应当有步骤地建立社会主义的生产关系，而中国的社会主义也可以经历一个工场手工业的阶段。1951 年，中国共产党内围绕着山西发展农业生产合作社的问题发生过一场争论。毛泽东同刘少奇、薄一波等谈话时就“批评了互助组不能生长为农业生产合作社的观点和现阶段不能动摇私有基础的观点。他说：既然西方资本主义在其发展过程中有一个工场手工业阶段，即尚未采用蒸汽动力机械、而依靠工场分工以形成新生产力的阶段，则中国的合作社，依靠统一经营形成新生产力，去动摇私有基础，也是可行的。”据当事人回忆：“他讲的道理把我们说服了。……这场争论就这样结束了。”[③]

---

① 《毛泽东文集》第 8 卷，人民出版社 1999 年版，第 131 ~ 132 页。

② 同上书，第 132 页。

③ 薄一波：《若干重大决策与事件的回顾》上卷，中共中央党校出版社 1991 年版，第 191 页。

应当指出，毛泽东虽然肯定在国家工业化的任务实现以前，可以而且应当建立社会主义制度，但是他从来没有认为，社会主义可以建立在小生产的基础之上，可以长久地停留在手工劳动的基础之上。早在民主革命时期，他就说，分散的个体经济——家庭农业和家庭手工业是封建社会的基础，不是民主社会（旧民主、新民主、社会主义，一概在内）的基础，这是马克思主义区别于民粹主义的地方。[①] 在农业合作化的高潮中，他强调指出，我们现在不但正在进行关于社会制度方面的由私有制到公有制的革命，而且正在进行技术方面的由手工业生产到大规模现代化机器生产的革命，而这两种革命是结合在一起的。[②] 他对国家工业化和农业机械化的事业倾注了巨大的热情，并且在有生之年，带领全党、全国人民艰苦奋斗，经过许多艰难和曲折，基本上建立了一个独立的、比较完整的工业体系和国民经济体系，从而为实现现代化奠定了重要的基础。

在这个问题上，邓小平的观点是同列宁、毛泽东的观点相一致的。1977 年 10 月 15 日，他在同加拿大林达光夫妇谈话中指出："列宁在批判考茨基的庸俗生产力论时讲，落后的国家也可以搞社会主义革命。我们也是反对庸俗的生产力论，我们采取了和十月革命不同的方式，农村包围城市。当时中国有了先进的无产阶级的政党，有了初步的资本主义经济，加上国际条件，所以在一个很不发达的中国能搞社会主义。这和列宁讲的反对庸俗的生产力论一样。"[③] 邓小平在这里所阐明的必须反

① 《毛泽东文集》第 3 卷，人民出版社 1996 年版，第 207 页。
② 《毛泽东文集》第 6 卷，人民出版社 1999 年版，第 432 页。
③ 《邓小平年谱（1975～1997）》（上），中央文献出版社 2004 年版，第 223 页。

对庸俗生产力论的思想，具有重大的意义，因为一些人正是以这种庸俗的生产力论为主要的思想武器，否定中国的社会主义改造，否定中国建立和坚持社会主义制度的必要性和正确性。很明显，为了科学地评价中国的社会主义改造事业，我们必须划清马克思主义与考茨基的庸俗生产力论的界限。这种庸俗生产力论并不是马克思主义，而是对马克思主义的教条主义的歪曲。

五、对社会主义改造的评价标准

1949～1956 年，是社会主义在中国大地上凯歌行进的年代。党的第二个历史问题决议把新中国成立以后的这最初七年，称作是“基本完成社会主义改造的七年”。中共中央在 1952 年提出过渡时期总路线的时候，是计划用 10～15 年来完成过渡时期的总任务的。而在实际上，从 1953 年算起，只用了 4 年，加上 1949～1952 年的 3 年，也只用了 7 年，社会主义改造就基本完成了。这是不是说明这项工作存在着严重的问题，甚至发生了原则性的错误呢？应当指出，用 15 年左右的时间基本上过渡到社会主义的计划，是参照苏联的经验制定出来的。这个计划规定的时限，并不科学，因而并不是不可以改变的。也正因为这样，这个规定就不能作为我们衡量社会主义改造的是非得失的标准。

这条总路线包括社会主义工业化和社会主义改造两个方面的内容。

从实现国家工业化的任务这个角度来说，当时提出的工业化标准（即工业产值超过农业产值）是太低了。毛泽东后来说过，我国要成为发达的工业强国，大约需要 50～100 年甚至更长的时间。按照我们现在的估计，中国要赶上中等发达国家，大约需要 100 年的时间。所以，即使我们在这 15 年间工作一直干得很出色，什么错误都不犯，到 1967 年，我国的经济虽然会得到比后来实际在 1967 年得到的更大一些的发展，但与实现工业、农业、国防和科学技术现代化的目标，也还会有一个相当遥远的距离。中国在那时也还只能是一个发展中的国家，而不可能是一个发达的国家。按照某些人的说法，不具备高度发达的物质技术基础，就不能进行社会主义改造，不能建立社会主义制度。如果这个理由可以成立的话，就用原定的 15 年时间，也是不应当完成社会主义改造的。可见，事情的要点，并不在于是 15 年还是四五年，而是在于一个经济文化落后的国家能不能建设社会主义的问题。

从实现社会主义改造的任务这个角度来说，15 年的时限就不是不可超越的了。为了判断这个时限是否可以超越，我们有必要把苏联社会主义改造的情况做一点分析。就资本主义工商业的社会主义改造而言，苏联并没有用 15 年的时间，因为那里的资本家不接受国家资本主义这一套办法，所以在革命胜利后不久，政府就把资本家的企业没收了。中国资本主义工商业的社会主义改造完成的时间虽然是大大提前了的，但比起苏联来，我们花的时间要长得多，工作也要细致得多。就农业的社会主义改造而言，苏联从 1917 年无产阶级取得政权，到 1937 年完成农业集体化，一共用了 20 年。但是，实际上，苏联 1917～1929 年这 12 年间，基本上没有搞农业集体化。1929 年时，农业中的社会主义成分还不到1%。苏联大搞农业集体化，是从1929年开始的。1930年1月，联共（布）中央做出决定，要求主要产粮区的集体化应在半年或一年内完成，全国绝大多数农户应在五年计划期间完成集体化任务。而结果，到1930年3月1日，加入集体农庄的农户就达到了农户总数的56%；1934年，集体农庄已经拥有全国农户总数的75%、耕地的90%了。这就是说，半数以上的地区，集体化只用了几个月的时间；其余大部分地区，也只用了四五年的时间。与苏联相比，第一，我们合作化的基础比较好，合作化的高潮不是突然到来的。合作化高潮到来前夕，1955年6月，全国农户的60%已经在不同程度上组织起来，全国农户的14.2%已经组织在农业社里面了。第二，我国各地的合作化都有一个典型试验、逐步推广的过程，不是用行政命令限期完成的。在合作化高潮到来之前，几乎每个乡都已兴办了若干个农业社，这些社都办得比较好，它们不仅使广大农民从实践中认识到合作化的优越性，而且为农业社的大发展积累了经验，培养了干部。第三，我国大搞农业合作化，是从1953年开始的，到1956年完成，也用了四年左右的时间，并不比他们短多少。苏联农业集体化过程中，粮食大幅度减产，牲畜头数也锐减。而在中国农业合作化的过程中，农业生产是逐年上升的。由此可见，根据苏联的经验，以我国是不是按照原定的15年期限来完成社会主义改造，作为衡量进行这项工作是否适当、进展是否健康的标准，是不妥当的。当然，这项工作有时在有的问题上确实是急了一些，但这是方法、步骤上的缺点，不是方向、路线上的错误。

这是我首先回答的一个问题。下面我想回答另一个问题。

改革开放以来，个体经济和私营经济有了相当大的发展，并且我们确认，中国处于并将长期处于社会主义的初级阶段。这个初级阶段的社会主义的经济结构与新民主主义社会的经济结构有极大的相似之处，这是不是意味着对于新民主主义社会的复归，如果是这样，那么，我们还能说当年进行社会主义改造是必要的吗？

问题的要害在于，社会主义社会的初级阶段是否在实际上等同于新民主主义社会。应当看到，社会主义社会的初级阶段与新民主主义社会是有着重大区别的。它们的主要区别在于：

第一，新民主主义社会时期，社会主义经济虽然占据领导地位，但在开始时私有经济是国民经济的主体，这种私有经济的主体地位是逐步被公有经济取代的。而在社会主义的初级阶段，公有制经济已经在国民经济中占据主体地位。在国民经济恢复时期的最后一年，即1952年，各种经济成分在国民收入中所占的比重分别是：国营经济19.1%、合作社经济1.5%、公私合营经济0.7%、个体经济71.8%、资本主义经济6.9%。就是说，个体经济和资本主义经济合计为78.7%，占到国民收入的绝大部分。到1956年，各种经济成分占国民收入的比重分别是：国营经济32.2%、合作社经济53.4%、公私合营经济7.3%、个体经济7.1%、资本主义经济接近于零。就是说，社会主义性质的国营经济、合作社经济和基本上属于社会主义性质的公私合营经济合计为92.9%，占到了国民收入的绝大多数。社会主义公有制经济已经在整个国民经济中占据了主体地位。这是社会主义改造的主要成果。尽管改革开放以来公有制经济在国民经济中的比重在一个时期相对下降，但这种主体地位本身，在整个社会主义初级阶段都是不允许动摇的。

第二，在新民主主义社会时期，我们面临的主要矛盾是无产阶级和资产阶级两个阶级、社会主义和资本主义两条道路的斗争；在社会主义初级阶段，尽管阶级斗争仍在一定范围内存在、在某种情况下还可能激化，但是主要的矛盾已经是生产的发展还不能充分满足人民群众不断增长的物质和文化需要的矛盾了。

中共十三大报告指出：我国正处在社会主义的初级阶段。这个论断，包括两层含义：第一，我国社会已经是社会主义社会。我们必须坚持而不能离开社会主义。第二，我国的社会主义社会还处在初级阶段。我们必须从这个实际出发，而不能超越这个阶段。[①] 我们必须全面地把握社会主义初级阶段的这两层含义。由于中国已经是社会主义社会同时又还处于社会主义的初级阶段，我们既要允许多种所有制经济成分共同发展，同时更必须坚持社会主义改造的主要成果，即坚持公有制经济的主体地位。如果动摇了公有制经济的主体地位，两极分化就不可避免，阶级矛盾就会激化，社会稳定就会遭到破坏，社会的主要矛盾就可能发生变化，我们就难以集中力量去从事经济文化等建设事业了。正因为如此，邓小平告诫我们："我们实行改革开放，这是怎样搞社会主义的问题。作为制度来说，没有社会主义这个前提，改革开放就会走向资本主义，比如说两极分化。中国有十一亿人口，如果十分之一富裕，相应地有九亿

① 《十三大以来重要文献选编》上册，人民出版社 1991 年版，第 9 页。

多人摆脱不了贫困，就不能不革命啊！……所以，中国只能搞社会主义，不能搞两极分化。”① 这个意见，值得我们深长思之。由此可见，坚持社会主义改造的主要成果是极端重要的；把初级阶段的社会主义社会等同于新民主主义社会是不妥当的。

在回答了以上两个问题之后，我想着重谈一谈究竟应当用什么标准来衡量社会主义改造的是非得失这个问题本身。

社会主义改造是生产关系方面由私有制到公有制的一场伟大的变革。衡量生产关系的变革是否正确和必要，主要的标准应当是看这种变革对生产力的发展起促进作用还是起阻碍作用、破坏作用。我们看到，在全面进行社会主义改造的期间，即1953～1956年，全国工业总产值平均每年递增19.6%，农业总产值每年递增4.8%。经济发展比较快，经济效益比较好，重要经济部门之间的比例关系比较协调。市场繁荣，物价稳定。人民生活显著改善。在改造过程中，国家资本主义经济和合作经济表现了明显的优越性。1955年，公私合营工业比私营工业的工人劳动生产率平均高一倍。1956年全行业公私合营后，合营工业的产值比1955年增加了32%，合营商店、合作商店、合作小组的营业额比1955年增加了15%。又比如，农业生产在这期间基本上也是逐年上升的。1956年，农业遇到严重的自然灾害，农业总产值还是增长了4.9%，其中粮食比1955年增产4.4%，稻谷、小麦、薯类、烤烟、茶叶等的产量

① 《邓小平年谱（1975～1997）》（下），中央文献出版社2004年版，第1317页。

都超过了第一个五年计划最后一年即1957年的生产指标。畜牧业的情况稍差一些，但也没有发生农民大批宰杀牲畜致使畜牧业遭到严重破坏的情况。这些事实生动地表明，社会主义改造不仅没有阻碍生产力的发展，而且成了生产力发展的直接动力。

我们尤其应当看到，社会主义改造的胜利，为中国全面进行社会主义建设开辟了道路，为中国尔后的一切进步和发展奠定了基础。1957～1978年的20多年间，尽管我们犯过“大跃进”和“文化大革命”的严重错误（这两个错误都是党在寻找中国自己的社会主义建设道路的过程中主观认识不符合客观实际的结果，并不是由于建立了社会主义制度以后必定要发生的），整体说来，我们在社会主义建设方面所取得的成就仍然是相当可观的。在这期间，我们基本上建立起了一个独立的、比较完整的工业体系和国民经济体系，使中国在赢得了政治上的独立之后又赢得了经济上的独立。而且在这期间，中国经济发展的速度从总体上来看也还是相当快的。工农业总产值，1952年为810亿元，1978年为5634亿元，1953～1978年平均年增长率为8.2%。其中：工业总产值1952年为349亿元，1978年为4237亿元，1953～1978年平均年增长率为11.4%；农业总产值1952年为461亿元，1978年为1397亿元，1953～1978年平均年增长率为2.7%。1957年和1978年我国主要工农业产品产量居世界位次的变动情况是：谷物由第3位上升为第2位，棉花由第2位变为第3位，猪牛羊肉由第2位变为第3位，化学纤维由第26位上升为第7位，布由第3位上升为第1位，煤由第5位上升为第3位，原油由第23位上升为第8

位，发电量由第13位上升为第7位，钢由第9位上升为第5位，水泥由第8位上升为第4位，硫酸由第14位上升为第3位，化肥由第33位上升为第3位。除了少数农副产品产量的位次保持不变或稍有后退外，谷物和主要工业产品产量的位次都明显上升了。这些事实是经济文化落后的中国应当而且能够建立社会主义制度的生动证明，是社会主义制度具有巨大优越性的初步的、但又是有力的显示。

中国原本是一个经济文化落后的半殖民地半封建的国家。中国先于发达的资本主义国家进入社会主义社会，这是中国所处的特殊历史条件、中国共产党的正确领导和全国人民艰苦奋斗的结果，是科学社会主义的发展，是中国共产党和中国人民的光荣，是毛泽东思想的胜利。

JING YONGLI
旌勇里**国史讲座**
GUO SHI JIANG ZUO

20世纪80年代中国经济的发展历程和陈云的经济指导思想

主讲：房维中

作者简介

房维中

1948年参加工作，1949年就读东北大学社会科学院、东北师范大学经济系。1952年到1993年，任国家计划委员会副处长、处长，政策研究室负责人、国家计委副主任、正部级副主任。1993年到现在，任全国政协常委、全国政协经济委员会主任。另现任中国宏观经济学会会长。曾任第十二届中共中央候补委员、第十三届中央委员、第十四届中央候补委员，北京大学、清华大学、南开大学兼职教授。

20世纪80年代是我们党在粉碎“四人帮”之后探寻发展与改革新路的具有关键性的十年，也是经历了调整、高涨、再调整，在风浪中前进的十年。陈云在这十年中发挥了举足轻重的作用。他对国民经济的发展所提出的一些基本原则是他几十年经验的结晶，至今仍然闪烁着光芒，对现实具有重要的指导意义。

一

1976年粉碎“四人帮”，到1978年12月十一届三中全会以前，经过拨乱反正，党的经济建设指导思想在有些方面有了重大进步，而在有些方面却一仍旧章。

在对外开放方面，确立了引进国外先进技术、利用国外资金和引进国外技术人才的方针。这在中央，在邓小平极力倡导下，主要领导人的思想是一致的。这是一个巨大的进步。

在对内搞活方面，1978年提出了不仅要扩大地方的权力，发挥中央、地方两个积极性，更要扩大企业的权力，发挥企业的积极性，给企业以必要的独立地位。同时，强调尊重农业生产队的自主权，贯彻多劳多得和等价交换的原则。这在中央，思想也是一致的。这也是一个重大的进步。

但是在经济发展的目标、方针方面，当时的中央没有分析经过林彪、“四人帮”十年破坏、国民经济比例严重失调的情况，并据此做出新的部署，而是继续沿袭过去的一些老口号，并且加了码，最后导致了1978年的冒进。

1977年2月，国家计委向国务院汇报时有调整经济部署的提法，中央领导人不同意提调整，说今年经过努力，要前进一步，而且为今后三年更好地完成五年计划打基础。接着，提出了抓纲治国，今年初见成效、三年内大见成效的目标。

同年四五月间，召开全国工业学大庆会议。中央领导人认为，只要把工业学大庆、农业学大寨的群众运动发动起来，完全有可能在今后23年时间内实现四个现代化。同时提出，石油部不能只有一个大庆，要有十来个大庆。5月1日，中央领导人发表文章，引用了毛主席1956年说过的话，再搞五六十年还不能超过美国，那就要开除球籍。1963年时，毛主席已经认为20世纪末赶不上美国，改为走在世界的前列。这时重提超过美国，就把20世纪末实现四个现代化的目标又提高了。

1978年6月，赴日本、赴欧洲两个代表团访问归来，向政治局汇报。中央领导人提出，日本实现现代化只用了13年，德国、丹麦也是十几年，今年我们起步是3000万吨钢，日本起步时只有2000万吨钢，我们有优越的社会主义制度，有九亿人口，资源丰富，只要路线、方针、政策正确，安定团结，调动积极因素，可以赶上去。7月国务院召开务虚会，提出了“思想再解放一点，胆子再大一点，办法再多一点，步子再快一点”。9月务虚会总结，根据中央常委的意见，提出“组织新的大跃进”，提出“要比原来的设想更快的速度实现现代化，要在本世纪末实现更高程度的现代化。”引进规模从年初定的八年180亿美元增加到十年800亿美元，最近三四年先安排三四百亿美元。务虚会后，在没有相应的外汇和借到外资的条件下，突击签订引进合同。两次追加基本建设投资，建设规模又搞大了。九十月间召开全国计划会议，安排1979、1980年两年计划。由于追求高指标和过大的建设规模，物资、财政平衡不下来，留下很大的缺口。1977、1978两年就是这样热起来的。真正搞冒了的是1978年。

粉碎“四人帮”后，我们面临的是一种什么情况？一是粮食产量已经几年徘徊不前，粮食供应严重不足，库存已到警戒线。二是煤矿采掘失调，掘进严重欠账，产量稳定不住；电力供应紧张，保了新厂就保不了老厂，保了老厂就保不了新厂。三是财政拮据，捉襟见肘。四是人民生活十年来没有什么改善，农民从集体分得的收入几乎没有增加，职工平均工资还有所下降。在这种情况下，本应休养生息，控制建设规模和调整投资结构，却来了个“大跃进”，加剧了国民经济比例关系的失调。

随后的1979、1980两年，发生了要不要调整的争论。首先发现和提出问题的是陈云。

1978年12月10日，陈云在中央工作会议上就经济问题发表了五点意见。他说：“我们要坚持实事求是，就是要根据现状，找出解决问题的办法。首先弄清楚事实，这是关键的问题。……建国快三十年了，现在还有讨饭的，怎么行呢？”“在三五年内，每年进口粮食可以达到两千万吨。我们不能到处紧张，要先把农民这一头安稳下来。……摆稳这一头，就是摆稳了大多数，七亿多人口稳定了，天下就大定了。……我们的起点，是三千万吨钢。但是，不能光看钢铁这个指标。我们同日、德、英、法不同，工业基础不如他们，技术力量不如他们，这两点是很重要的。……对于生产和基本建设都不能有材料的缺口。各方面都要上，样样有缺口，表面上好看，挤来挤去，胖子挤了瘦子，实际上挤了农业、轻工业和城市建设。……材料如有缺口，不论是中央项目或地方项目，都不能安排”。①

1979年1月陈云再次批示：“国务院通知中‘一九七九年有些物资还有缺口’。我认为不要留缺口，宁可降低指标。宁可减建某些项目”，“我认为有物资缺口的不是真正可靠的计划”。②

3月14日，陈云以他和李先念的名义给中央写了一封信，对目前和今后的财经工作提出以下原则意见：“（一）前进的步子要稳。不要再折腾，必须避免反复和出现大的‘马鞍形’。（二）从长期看，国民经济能做到按比例发展就是最快的速度。（三）现在的国民经济是没有综合平衡的。比例失调的情况是相当严重的。（四）要有两三年的调整时期，才能把各方面的比例失调情况大体上调整过来。（五）钢的指标必须可靠。……钢的发展速度，要照顾到各行各业（包括农业、轻工业、其他重工业、交通运输业、文教、卫生、城市住宅建设、环境保护等）发展的比例关系。（六）借外债必须充分考虑还本付息的支付能力，考虑国内投资能力，做到基本上循序进行。”③

3月21～23日，政治局听取和讨论国家计委关于修改1979

① 《陈云文选》第3卷，人民出版社1995年版，第235～237页。

② 朱佳木主编：《陈云年谱（1905～1995）》下卷，中央文献出版社2000年版，第233页。

③ 《陈云文选》第3卷，人民出版社1995年版，第248～249页。

年计划的汇报。汇报指出：1978 年建设规模搞大了，引进搞急了，钢搞多了，加剧了国民经济比例的失调，要下决心进行调整，加强农业和轻工业，缩短基本建设战线，工业增长速度由 12% 降为 8%。在这次会上，陈云进一步讲了他的意见。他说："我们搞四个现代化，建设社会主义强国，是在什么情况下进行的。讲实事求是，先要把'实事'搞清楚。这个问题不搞清楚，什么事情也搞不好。""九亿多人口，百分之八十在农村，革命胜利三十年了还有要饭的，需要改善生活。我们是在这种情况下搞四个现代化的。""单纯突出钢，这一点，我们犯过错误，证明不能持久。" "要有两三年调整时间，最好三年。""现在比例失调的情况相当严重。基本建设项目大的一千七百多个，小的几万个。赶快下决心，搞不了的，丢掉一批就是了。搞起来，没有燃料、动力，没有原料、材料，还不是白搞"。① 这次政治局会议批准了国家计委提出的调整计划，并且确定了调整国民经济的方针。接着，中央召开工作会议，明确了用三年时间对国民经济实行以调整为中心的"调整、改革、整顿、提高"的方针。

在中央工作会议的讨论中，一部分省市和部门的领导人思想通了，认为不调整不行。一部分人思想并没有通，说刚刚提出组织"大跃进"，要三年大见成效，怎么一下又来了个调整，接受不了。经济发达的地区要求允许继续前进，经济不发达的地区要求不要一刀切，对于一些大项目都提出这也不能下那也不能下。

---

① 《陈云文选》第 3 卷，人民出版社 1995 年版，第 250～253 页。

中央领导层的认识也并不一致。在中央工作会议之后，有的中央领导同志不讲三年调整，大讲三五年内要打一个比较大的翻身仗，提出如果今后五年每年以12%到15%的速度前进，五年后我们的工业总产值就将近翻了一番。

9月，国务院财经委召开会议，讨论国家计委关于1980、1981年计划安排的汇报。汇报提出，1980年财力上不去，基建还要下，工业速度要减到6%。9月18日陈云再次讲话，指出："经济的调整，即实行调整、改革、整顿、提高的方针是必要的，并不是多此一举。""我们的基建投资，必须是没有赤字的。就是在财政平衡的基础上，看能够拨出多少钱用于基本建设投资，以这个数字来制定基本建设计划。""目前人民向往四个现代化，要求经济有较快的发展。但他们又要求不要再折腾，在不再折腾的条件下有较快的发展速度。我们应当探索在这种条件下的发展速度。"①

10月，中央召开省、市、区第一书记座谈会，统一思想认识。在这次会上，有的中央领导同志仍然坚持自己的意见。说去冬今春刮了一股失调风，担心今冬明春再来一股风，把气泄下来。主张搞一个加快工业发展的决定。

由于认识不一致，调整工作阻力重重，该下的项目没有下，地方又盲目上了一些重复建设项目。1980年春又提出搞十年规划，大家的心思又用到经济翻番上去了，更分散了调整的精力。一直到1980年10月，经济中的问题暴露得更加明显，农业减产，能源紧张，财政赤字增大，物价上涨较多。11月

① 《陈云文选》第3卷，人民出版社1995年版，第264～268页。

11 日财政部紧急报告，11 月份基建拨款 30 亿元分文未拨，国防费还有十多亿元未拨出去，中央财政库存仅 10 亿元，要求再次向银行透支。中央财经领导小组开会，感到问题严重，提出在形势好的情况下，要看到潜伏着的危险，搞不好，要爆发经济危机。经过几个月的讨论，最后决定一步退够。

1980 年 11 月 28 日，在中央常委和中央书记处会议上，陈云讲话。他说：我脑子里有一条，基本建设搞铁公鸡，一毛不拔。有人说耽误了时间，从鸦片战争以来，耽误了多少时间，现在耽误三年时间有什么了不得？就是一毛不拔，置之死地而后生。历史上我是机会主义，让我再机会主义一次。讲要上的理由有的是，这种话听了几十年了，最后说不搞，还不就是不搞了。三年不搞，一毛不拔，还是中华人民共和国。天塌不下来，事情反而更好办一些。邓小平完全同意陈云的意见。[①] 于是决定召开中央工作会议。在中央工作会议上，陈云再次讲话。他说："必须指出，开国以来经济建设方面的主要错误是'左'的错误。一九五七年以前一般情况比较好些，一九五八年以后'左'的错误就严重起来了。这是主体方面的错误。代价是重大的。错误的主要来源是'左'的指导思想。在'左'的错误领导下，也不可能总结经验。""调整意味着某些方面的后退，而且要退够。不要害怕这个清醒的健康的调整。可能有些议论：'这会耽误三几年'。不怕。从鸦片战争以来，中国的经济建设已经耽误了一百多年。而且这次调整不是耽误，如不

---

① 朱佳木主编：《陈云年谱（1905～1995）》下卷，中央文献出版社 2000 年版，第 262 页。

调整才会造成大的耽误。因为我们这次调整是清醒的健康的调整。我们会站稳脚跟，继续稳步前进。”①

这样，经过1979、1980年的实践，经过1980年10～12月翻过来掉过去的讨论，由于陈云的果敢决断、邓小平下了决心，进一步调整的大方针最后确定了下来，并付诸实施。事实说明，这一次调整不仅是国民经济的调整，而且是国民经济指导思想的调整。后者的意义远远大于前者。这期间，还有一个大的改变，就是邓小平在1979年对20世纪末的目标做了新的解释和新的规定，把原来的标准放低了，把目标定为实现小康，人均国民生产总值达到800～1000美元。长期以来，我们党固守的信条是在20世纪末实现四个现代化，尽管在为这一目标奋斗的过程中，发起了多次强行军和猛攻而遭受挫折，但是没有人能改变它。邓小平把目标放低，避免了很多的盲目性和很多无谓的挫折和损失，这是思想的一大解放。陈云在这期间所发表的一系列言论，对邓小平的这一改变有着极大的影响。

二

1980年12月，中央下决心进行调整，把1981年工业增长速度降为3%，基本建设投资砍掉了40%，下大力量加强农业，情况迅速好转。1980年农业生产增长1.4%，1981年增长6.5%，1982年增长11.3%，1983年增长7.8%。工业生产除1981年增长4.1%以外，1982年上升到7.8%，1983年又上升

① 《陈云文选》第3卷，人民出版社1995年版，第281～282页。

到 11.2%。这个时候又发生了 20 年翻两番要不要划分两个阶段的争论。

1981 年 3 月重新着手制定以“调整、改革、整顿、提高”为方针的“六五”计划。10 月，中央政治局讨论国家计委提出的“六五”计划控制数字，确定了把提高经济效益作为经济工作的中心任务，确定了今后 20 年分为两个阶段，前十年打基础，后十年振兴；确定了“六五”期间保四争五的计划速度。

这是一个重大的战略部署。对于政治局的这一决定，在领导层思想并不一致。1982 年 3～5 月，在制定“六五”计划和起草十二大报告的过程中，有的中央领导同志多次讲话，不同意保四争五的“六五”计划，指责计划低就是对社会主义信心不足；不同意 20 年划分两个阶段，指责前十年慢些、后十年快些就是把困难留给后人，说四化起飞此其时矣；提出不要用效益压指标，借效益来收缩；不要强调储蓄，现在要转到适当刺激消费；说财政部年年讲赤字，是吓唬人的，这几年吓唬得我们太厉害了。5 月，国家计委负责人写信给中央常委，陈述自己的意见，坚持 20 年要分为两个阶段，坚持“六五”保四争五的计划速度，坚持适当集中资金保证重点建设，坚持国民经济要搞好综合平衡。7 月，国家计委把《二十年设想和“六五”计划》正式报给中央政治局常委，得到中央的同意。9 月，中共十二大通过 20 年翻两番和前十年打基础、后十年振兴的战略部署。

11 月，陈云听取国家计委负责人汇报时讲，“经济建设要分清前十年和后十年，要抓住这两个十年的区别。前十年是打基础的，要把各种关系理顺，不能搞快了，如果在前十年乱上基本建设，经济仍会出现混乱。……今后各地要求开口子，计委要顶住。”[①] 12 月 2 日，陈云与出席五届人大五次会议的上海代表团部分代表座谈时阐述了这一观点。他说：“党的十二大提出，今后二十年要在不断提高经济效益的前提下，力争使全国工农业的年总产值翻两番。同时又指出，为了实现这个奋斗目标，要分两步走，前十年主要是打好基础，为后十年经济振兴创造条件。‘六五’是前十年的第一个五年，发展速度不能搞得太快。……只要我们经过‘六五’和‘七五’两个五年计划的努力，把各方面的关系理顺，并且做好一些大骨干项目的前期工作，后十年的发展速度就可以搞得快一些，翻两番的奋斗目标就可以实现。如果急于求成，把本来应该放在后十年办的事也勉强拿到前十年来办，在‘六五’和‘七五’期间乱上基本建设项目，那末，经济又可能出现混乱，翻两番的任务反而有可能完不成。”[②]

但是，争论并没有至此为止。1983 年初，有的中央领导同志在一些会议上继续批评经济工作前松后紧，是把麻烦留给后人，示意“六五”计划要修改；到处鼓动翻番，每到一个地方，一张口就给地方开了一张总产值要达到几百几十亿元的单子。还说，翻番要一个省市一个省市落实，要计委把翻番的任务给各省分下去。

3 月，国家计委、国家经委党组向政治局常委汇报，坚持原定的“六五”保四争五的指标不能修改，超额完成计划比完

① 朱佳木主编：《陈云年谱（1905～1995）》下卷，中央文献出版社 2000 年版，第 309 页。

② 《陈云文选》第 3 卷，人民出版社 1995 年版，第 318 页。

不成计划好；20 年分两步走也不能修改，不宜对速度要求过急。这次会议，中央常委、书记处做出了决定：一致通过国家计委、国家经委党组的汇报，认为这是正确的，全党应该坚决执行。6 月，中央召开工作会议，确定了集中资金加强重点建设的方针。陈云讲："还是那句话：一要吃饭，二要建设。吃光用光，国家没有希望；吃了之后，还有余力搞建设，国家才有希望。""这几年，有些地方和部门打乱仗，乱上基本建设项目，乱涨价，乱摊派，乱发奖金，把资金分散了。……像现在这样下去，四化没有希望。……翻两番只能翻好，不能翻乱。这二十年时间必须分两步走，前十年只能打基础，速度不能搞得太快。而且，要边走边看，走一步看一步。否则，就会翻乱。"[①] 邓小平在这次会上说：原来要求"六五"计划保四争五，去年我说要看两年，现在看，指标定得低些没有危险，不会妨碍积极性。"六五"计划还是维持原来的指标，不要再高了，如果实际比这高，那就皆大欢喜嘛。

就是这样，党内的思想仍然是不统一的。1984 年 3 月，国家计委向书记处汇报，当前生产形势很好，但是财政困难，由于国民收入超分配，国民经济面临一个逐步扩大的通货膨胀的威胁，要妥善解决克服财政困难、加强重点建设和推进体制改革三者之间的关系，量力而行，千万不能失控。有的中央领导同志不同意这个观点，提出"七五"的总目标是向翻一番的目标前进，要准备三年后使我国成为农产品出口大国；地下资源开采实行有水快流；坚决上一大批重点项目，反对任何动摇，

① 《陈云文选》第 3 卷，人民出版社 1995 年版，第 323 ~ 324 页。

批评计委在这个问题上不坚决。

由于各地区为了争取翻番和放权让利，固定资产投资和消费需求增长过猛，加上银行信贷改革和工资奖金制度改革宣布以1984年为基数，导致了1984年第四季度银行信贷发放和工资奖金发放严重失控，全年货币流通量比上年增加了49.4%，全国发放的奖金比上年增长48.1%，从而造成经济关系全面紧张，改革和发展的部署被迫进行重新调整。

实践证明了陈云的预言，由于没有坚持划分两个阶段，“六五”期间乱上基本建设，盲目追求翻番，速度搞得太快，结果把已经出现的国民经济新高涨的好形势又搞乱了。

三

为了解决1984年经济过热的问题，1985年连续开了四次省长会议，想要把经济增长速度降下来，把基本建设规模压下来，但是收效甚微。

1985年2月，召开第一次省长会议，讨论如何既要改革，又不出现通货膨胀。2月18日，陈云在政治局扩大会议上说：“现在有点乱。我主张有些东西要搞得死一点，叫先死后活，置之死地而后生。”[①] 这是中国的一句老话，合乎辩证法，死是为了活。陈云的话，许多人没有听进去。4月，召开第二次省长会议，统一对形势的认识，特别是对外汇、货币投放、追求

---

① 朱佳木主编：《陈云年谱（1905～1995）》下卷，中央文献出版社2000年版，第375页。

高速度的认识。会议指出，千方百计把好形势保持下去，搞得好，可能保持，搞不好，可能出现大起大落；再搞超高速，物价、票子问题都难解决。会议提出不搞急刹车。这次省长会议没有解决问题。6 月又开第三次省长会议，重点研究调整基本建设规模。但基本建设规模还是控制不住。

9 月，中央召开全国党代表会议，通过“七五”计划建议，被迫把“七五”分成两个阶段，前两年着重控制总需求，解决增长速度过快、固定资产投资规模过大和消费基金增长过猛的问题，固定资产投资维持 1985 年的水平，基本踏步，后三年，再根据情况适当增加建设投资。这就是又出现了一次调整。在这次会上，陈云讲话指出：“一九八四年工业总产值比上年增长百分之十四，今年一至七月又比去年同期增长百分之二十二点八。这样高的速度，不可能搞下去，因为目前能源、交通、原材料等都很难适应这样高速度的需要。说到底，还是要有计划按比例地稳步前进，这样做，才是最快的速度。否则，造成种种紧张和失控，难免出现反复，结果反而会慢，‘欲速则不达’。”①

党代会后，接着召开第四次省长会议，着重研究控制固定资产投资问题，指出这是巩固和发展当前大好形势的关键所在。

1986 年 1 月，全国计划会议讨论“七五”基本建设规模安排多少合适。陈云批示：“要多搞是爱国，但是，实事求是地搞才是真爱国。同志们！头脑清醒些。”②

---

① 朱佳木主编：《陈云年谱（1905～1995）》下卷，中央文献出版社 2000 年版，第 384 页。

② 同上书，第 391 页。

问题恰恰是出在追求高速度控制不住，扩大固定资产投资控制不住。1986 年软着陆还没着下来，1987 年又起飞了。1986 年工业总产值增长 11.7%，1987 年又上升到 17.7%，1988 年上升到 20.8%；1986 年固定资产投资仍然比上年增加 22.7%，1988 年又上升到 25.4%。与此同时，财政赤字逐步上升，货币发行迅速增加，物价不断上涨。

1986 年以后的争论，集中表现在承不承认国民收入超分配和怎样解决国民收入超分配。

1986 年 12 月，中央财经领导小组办公室起草了一份准备提交中央书记处和中央常委的请示报告。报告中指出：连续三年来一直存在着社会总需求超过总供给的矛盾，国民收入超分配的问题还没有根本解决，必须下决心把超常规的支出，特别是把过度膨胀的非生产性开支坚决压下来。如果不这样做，到明年下半年财政赤字进一步增大和货币发行控制不住的时候，就有可能发生更加严重的物价上涨，因此就可能要被迫做更大的调整，这对国民经济的发展是十分不利的，我们一定要努力避免出现这样的局面。中央财经领导小组讨论这份报告的时候，当时主持中央财经领导小组工作的负责同志不同意说连续三年超分配，说如果那样，就要大调整。因此，在控制需求方面下的决心不大。

1987 年 4 月初，中央财经领导小组讨论当前经济形势。国务院发展研究中心负责人在汇报中说：据国家统计局资料，1982～1986 年，连续出现国民收入超分配，尤其是 1984～1986 年增势很猛，数量很大。其原因是积累和消费双膨胀，货币发行过多，财政赤字增大。中央财经领导小组负责同志不同意这个汇报，责问“超分配说”甚嚣尘上，是为了一个什么目的？经济中存在的问题，是前进中的问题还是多年失误的集中爆发？如果是多年失误的集中暴露，那就得改弦更张，不能继续走下去嘛。中央负责人的这种态度阻碍了对国民收入超分配的深入分析和认真解决。

8 月，国务院常务会议讨论国家计委提出的 1988 年国民经济计划。计委在汇报中说，当前的主要问题是物价不稳，货币发行量过多，国家财政赤字扩大，必须下决心，采取大一点的措施，防止通货膨胀，保持物价稳定，使全国的经济环境出现从紧张到比较平稳的转变。中央领导同志当时同意国家计委的汇报，赞成搞稳一点，收紧一点。根据国务院的讨论，9 月，国家计委向中央书记处提出了关于 1988 年计划的总体安排意见，提出：“收紧财政和信贷，控制需求，稳定物价，保持经济的平衡和稳定发展，是安排 1988 年计划的总方针”。书记处会议经过讨论通过了此意见。其后在全国计划会议和 11 月召开的中央工作会议上做了具体部署。

但是，没过多久，情况发生了变化。1988 年 1 月，国务院开会分析经济形势，几个综合部门都强烈地提出稳定物价和稳定经济的问题，认为把物价上涨幅度控制在 6% 已不可能，如果所有涨价因素都出台，物价上涨要达到 12%，各方面都承受不了。在向中央汇报时，遭到了批评。中央领导同志连续几次讲话，批评综合部门满脑子物价，只见树木不见森林，批评有些同志去年对经济形势悲观，说是“险象丛生”，今年又说“非常严峻”，都缺乏科学分析。2 月，在中央领导同志主持起草并发给全党的《中共中央政治局第四次全体会议纪要》中，说物价上涨主要是食品价格上涨，稳定经济不是消极的方针，必须用改革的办法稳定经济；1988 年除了解决好食品问题外，要着手抓好三件大事：组织实施沿海地区经济发展战略、推进企业承包经营责任制和控制社会集团购买力。1987 年下半年确定的收紧财政、收紧信贷、稳定经济、稳定物价的方针，到这时全变了。

在物价已经大幅度上涨、通货膨胀预期已经形成的情况下，中央突然提出要搞物价、工资改革闯关。结果，8 月 17 日，政治局会议通过物价、工资改革方案，第二天公报一发表，立即引起城市居民恐慌，掀起了全国性的挤兑和抢购商品风潮，物价大幅度上涨，被迫进行治理整顿，不得不再次对国民经济进行大的调整。

1988 年、1989 年陈云还有两次谈话。一次是 1988 年 10 月，陈云同中央负责同志谈话，陈云说："在我们这样一个社会主义国家里，学习西方市场经济的办法，看来困难不少。你们正在摸索，摸索过程中碰到一些困难是难免的，还可以继续摸索，并随时总结经验。""在经济活动中，中央应该集中必须集中的权力。"我们需要改革，但"在改革中不能丢掉有计划按比例发展经济这一条，否则整个国民经济就会乱套。"① 再一次是 1989 年 3 月，陈云同外经贸部负责同志谈话，他说：压基本建设，必须下大项目才行，要伤筋动骨。"八十年代初搞调整，要压缩二十二个大项目，开始有人说得不偿失，后来说

---

① 朱佳木主编：《陈云年谱（1905～1995）》下卷，中央文献出版社 2000 年版，第 416、417 页。

利弊各半，最后说利大于弊。那次若不下大项目，调整肯定搞不好。”①

1989 年 11 月 6 ~9 日中共十三届五中全会审议并通过了《中共中央关于进一步治理整顿和深化改革的决定》，对十一届三中全会以来的十年工作做了总结。决定指出：我们现在面临的经济困难，突出地表现在通货膨胀明显加剧，总量不平衡，结构不合理，经济秩序混乱。这种困难绝不是这一两年突然出现的，而是多年积累的一些深层次问题的集中反映，只有看清楚这一点才能深刻理解治理整顿的必要性和艰巨性。决定指出：十一届三中全会以来，党中央、国务院在执行正确路线、方针、政策的过程中，对经济建设和改革开放的具体指导也有失误。从 1984 年下半年开始，我国就出现了经济过热、货币发行过多、国民收入超额分配等现象，但党中央、国务院未能及时采取果断措施加以解决；1987 年虽然提出了财政信贷双紧方针，但又没有坚决加以贯彻，以致问题越积越多。这些年来，对农村形势的估计一度过于乐观，对加工工业的盲目发展纠正不力；在改革统得过多、管得过死的经济体制过程中，忽视了综合平衡和加强宏观调控。由于对国情缺乏全面深刻的认识，对国力缺乏清醒的估计，在建设和改革两方面都存在急于求成的偏向。经济工作中的问题，同党的领导和思想政治工作的削弱也是分不开的。出现这些问题的责任不在下面。党中央和国务院要认真

① 朱佳木主编：《陈云年谱（1905 ~1995）》下卷，中央文献出版社 2000 年版，第 420、421 页。

总结经验教训，多做调查研究，多走群众路线，努力提高决策的正确性和科学性。决定指出：在我国经济发展过程中，脱离国情，超越国力，急于求成，大起大落，是40年来最重要的教训。这种指导上的失误，严重挫伤了群众的积极性，往往造成巨大损失，是经济工作中的要害问题。因此，治理整顿期间也好，治理整顿任务完成之后也好，都必须深刻记取这个教训，任何时候都坚持从我国的基本国情出发，牢固树立持续、稳定、协调发展的指导思想，坚决防止片面追求过高的发展速度，始终把不断提高经济效益放到经济工作的首要位置上来。①

这就是说，经过了十年，走了一大圈，在发展的方针上又回到了1979年3月陈云、李先念的那封信中提出的稳步前进的真知灼见上来。

现在回过头来看，如果前十年听取陈云的意见，不是那样地催速度、乱上基本建设项目，而是扎扎实实地打基础，理顺关系，就不会翻乱；而当发现问题的时候，及时采取果断措施加以解决，也不会导致1989年的大调整。

四

陈云在1979~1989年十年中关于国民经济发展的方针有哪些重要思想值得我们牢牢记取？

---

① 《十三大以来重要文献选编》（中），人民出版社1991年版，第680~687页。

（一）我们搞四个现代化，建设社会主义强国，先要把“实事”搞清楚。这个问题不搞清楚，什么事情也搞不好

1977、1978 年错在什么地方？就是错在没有把“实事”搞清楚。经过了“文化大革命”十年的破坏，已经不可能在 20 世纪内实现四个现代化。考察了日本、欧洲，只看到了他们战后用了十几年的时间成为发达的国家，没有看到他们的工业基础比我们好，他们的技术力量比我们强，更重要的是没有看到他们没有八亿农民革命胜利 30 年了还有要饭的这样一个情况，从而不适当地坚持要在 20 世纪末实现四个现代化，并且错误地提出要以比原来的设想更快的速度、要在 20 世纪末实现更高程度的现代化。结果犯了“急于求成”、“欲速不达”的错误。

1983 年以后错在什么地方？就是错在没有坚持 20 年翻两番的前十年打基础、后十年振兴的两步走的发展战略，同样错在没有把“实事”搞清楚。当时的“实事”是什么？首先，国民经济比例关系严重失调的问题还没有得到根本解决，国家财政经济状况还没有根本好转，经济体制有待在经济环境比较宽松的情况下进行系统的改革。在这种情况下，前十年只能着重于打基础、理顺关系，速度不能搞得太快，而且要边走边看，走一步看一步。由于没有这样做，一些领导人天天在那里鼓动翻番，鼓动大上基本建设项目，鼓动加快经济的发展速度，结果出现了 1984 年第四季度的严重失控。1987、1988 年又没有正视经济中存在的国民收入超分配的问题，软着陆没有着下来又再度起飞，最后导致国民经济的再度大调整，重犯了

"急于求成"、"欲速不达"的错误。

我们的问题，无不出之于不分析"实事"。我们每一个大的报告都是从形势分析讲起，而且用的篇幅不短。问题在于是不是把"实事"搞清楚了。回过头来看，在许多情况下，我们并没有把"实事"搞清楚，不然为什么会出现那么多的差错。

什么东西妨碍我们把"实事"搞清楚？

先有目标，然后去"分析"实事。1977 年提出 23 年实现现代化以及随后一些部门和地区提出的翻番计划，都分析了有利条件和不利条件，但这种分析都是为了论证当时提出的目标是积极的和可靠的。定什么目标，应当是分析的结果，而不应当是分析的出发点。先定下目标再去找根据，是无法把"实事"搞清楚的。

"长官意志"在起作用。在许多情况下，发展目标都是长官意志断定的，而长官的意志又是不受约束，不承担责任的。做经济工作的人，拗不过长官意志，只能只唯上、不唯实。而在有些情况下，尽管经济部门唯实了，但长官意志可以轻易否定掉经济部门制定的计划方案。第一个五年计划 1955 年 5 月人大会议通过，12 月，中央领导人就发动批判生产和建设方面的右倾保守思想。第二个五年计划建议数字于 1956 年 11 月八大二次会议通过，1957 年 10 月，中央领导人就发动"大跃进"，把第二个五年计划建议全面推翻了。1982 年人大会议通过的"保四争五"的第六个五年计划，1986 年人大会议通过的划分两个阶段的第七个五年计划以及其后的第八个五年计划，还不是按长官意志说变就变了。提高党的执政能力，怎样改进党对经济工作的领导是一个值得认真研究的课题。

愿意讲有利条件，不愿意讲不利条件，愿意讲成绩，不愿意讲缺点，这是党内的一个陋习。尽管有的时候讲“宁可把困难估计得多些，也不要估计不足”，但把困难估计足的时候不多。80年代只有两次，一次是1980年12月中央工作会议，一次是1989年9月党的十三届五中全会，这已经到了迫不得已的时候了。如果能早点把问题揭开，那该多好啊。

党内还有一个毛病，宁肯拿很多时间去讨论具体业务问题，也不愿意拿出时间讨论一下经济的总体工作，更不愿意开门见山地仔细分析经济中的实际问题。每年开了不少的会议，大多是由上往下贯，层层照转，根本讨论不了什么问题。

这里还有一个顾虑的问题，怕把问题说多了、讲了实话，被打成右倾和被视为右倾，被说成是不尊重领导。现在说大话、说空话甚至说假话成风，而说实话的人却总是顾虑重重、胆战心惊，这不能不使人深思。

（二）前进的步子要稳，不要折腾，必须避免反复和出现大的马鞍形。从长期看，国民经济能做到按比例发展就是最快的速度。脚踏实地、按部就班地搞下去就快，急于求成反而慢

1978年提出组织新的大跃进，就是违背了稳步前进和按比例发展的方针。单纯突出钢，追求1985年产钢6000万吨，造成煤、油、电、运全面紧张，比例关系严重失调。大上基本建设，突击签订引进合同，使财政出现巨额赤字和外汇债务。由于追求数量、追求速度，不顾质量、不顾消耗、不讲经济效果，最后是图虚名遭实祸。

1982年以后，追求产值翻番，同样是违背了稳步前进和按比例发展的方针。1982～1984 年片面追求产值，盲目扩大建设规模，致使稍为缓和了的能源、交通、原材料供应紧张的情况又紧张起来。1986 年略为收缩了一下，1987、1988 年又大干快上，国民经济进一步出现了严重的比例关系失调，又来了一次大折腾，出现了一次反复和大的马鞍形。

什么叫折腾？形势一好就想加快，就想大干快上。而一大干快上，就必然造成经济关系紧张，支撑不下去就必然调整，把速度降下来。而一旦形势好转，就又旧病复发，又想大干快上。这种不断地反复就是折腾。经济规律是无情的，你违反它，它就马上给你个脸色看。第一年闹腾，第二年就日子难过。觉悟得早，调整及时，损失就小；反之，损失就大。

稳步前进，按比例发展，持续、稳定、协调，每当出现一次问题，就重念一次这本经。而在有的时候，一边念这本经，一边在违反这本经。这是什么原因？是什么东西在抵触这一方针的贯彻实施？

不要丧失机遇是对的。但是，正是不丧失机遇，就必须积极准备和创造条件，循序前进，而不能贸然行事。凡是盲目冒进的，出现折腾和反复，都不是抓住机遇，而是丧失机遇。

在经济工作中有些常规是要打破的，而有的常规就不能打破。比如，按比例发展，这个常规就是不能违反的。为什么一搞大跃进、一搞大干快上，就出问题？就是因为一搞大跃进，就必然破坏按比例发展这一条规律。不信你数数，哪一次大跃进没有破坏国民经济按比例发展？现在说大跃进的少了，跨越式发展成了时髦语。其实，跨越式发展都是追求超越常规的速度，都是追求大跃进。经济有经济的规律，不是号召跨越就能跨越的。历史阶段是不能跨越的。"按部就班地搞就快"，除了陈云外，没有人敢讲。但违反了它，就都受了惩罚。

经济工作牵动国家的利益、老百姓的利益，为什么要去冒风险呢！经济工作应当强调循序前进，水到渠成，在正常的情况下，只能正常地工作，不能拿国家的利益和老百姓的利益去冒风险。可以回顾一下，凡是高喊不要怕冒风险的时候，风险就真的接着来了。

对于发展中国家来说，强调发展是对的。但对于发展本身来说，不是什么样的发展都是硬道理。不稳步发展，不协调发展，造成经济大起大落，这种发展就不是硬道理。现在提出科学发展观，这就限定了什么样的发展才是硬道理。

我们的党吃急于求成的亏太多了。1981 年 9 月 2 日，李先念在中央政治局会议上说："我曾经讲过，三十二年来，在发展经济上，究竟我们是低速度吃亏多，还是高速度吃亏多？经验证明，还是高速度吃亏多。我这样讲，并不是否定切合实际的高速度，更不是主张低速度。安排速度总是要合情合理，实事求是，能够达到的速度而不去争取是不对的，但是，脱离实际，片面追求高指标、高速度，危害更大。"①

陈云讲得很准确："目前人民向往四个现代化，要求经济有较快发展。但他们又要求不要再折腾，在不再折腾的条件下有较快的发展速度。我们应该探索这种条件下的发展速度。"②这是 1979 年 9 月 18 日陈云讲的话，离开现在已经 25 年了。但

① 《李先念文选》，人民出版社 1989 年版，第 423 页。

② 朱佳木主编：《陈云年谱（1905～1995）》下卷，中央文献出版社 2000 年版，第 252 页。

这个探索我们现在并没有完成。

人们自然地会提出这样一个问题，为什么总是讲稳步前进，而总是犯急于求成的毛病？为什么老说控制基本建设规模，而总是控制不住？现在应该总结一下经验，找一找病根在哪里。光讲空道理是没用的。病根还在于体制，政府主导经济增长。追求政绩，大搞建设，中央政府强劲，地方政府更强劲。现在说是政企分开了，实际上大干快上还是政府起主导作用。从根本上考虑转变政府和党的职能，是时候了。

2004 年中央经济工作会议上胡锦涛总书记讲了这样一段话："体制机制不完善、改革不到位是经济社会发展中诸多矛盾和问题产生的重要根源，如不加快体制改革和制度创新，国民经济持续快速协调健康发展就没有坚实的体制基础。这些问题既是经济运行中重复出现盲目投资和较大波动的根本原因，也是实现经济社会全面协调可持续发展的重大障碍，解决这些矛盾和问题已经刻不容缓。"胡锦涛总书记的讲话非常重要，应当切实地付诸实施。

（三）调整意味着某些方面的后退，而且要退够，不要害怕这个清醒的健康的调整

调整都是不得已的。在调整中最常犯的毛病是下不了决心，总希图侥幸，这也舍不得下，那也舍不得下，以致拖延了时间，问题越积越多。

陈云每遇调整，决心都是大的。1980 年那次大调整，陈云提出基本建设搞铁公鸡一毛不拔（极而言之），还是中华人民共和国，天塌不下来；有人说耽误了时间，从鸦片战争以来耽

误了多少时间，现在耽误三年时间有什么了不得。陈云的话壮了全党的胆。只有决心大，退要退够，形势好转的时间才来得快。

1985 年 2 月第一次省长会议后，陈云在政治局会议上，不理睬有的领导人提出的“用轻松的办法解决紧急的经济问题”，而主张“有些东西要搞得死一点，叫先死后活，置之死地而后生”[①]。可惜，这一次陈云的意见没有为全党所接受，以致酿成大祸。

实践显示，在遇到必须调整的时候，人们往往不容易下决心，怕这怕那，但在调整过后又后悔早该下决心，早该退够。因为下决心调整了，形势就很快好转，没有一次出现一蹶不振。因此，我们可以得出一条经验，不要怕调整，该调整的时候，就下大决心调整，不要前怕狼后怕虎，因为我们的调整，总的都是考虑周密的、清醒的、健康的调整，而不是溃退。

“软着陆”是应当争取的。但是太“软”了，就着不了陆。1985 年提出软着陆，就没有着下来，1989 年还得动大手术。1993 ~ 1997 年软着陆是成功的，但用的时间太长了，付出的代价如何，没有人算账。

有一副对联：“焦头烂额为上客，曲突徙薪无恩泽”。救火者固然有功，但提倡曲突徙薪的更应当受到尊重。不能老忙着救火，要研究“曲突徙薪”之道。

我们要向陈云学习，认真地总结历史经验，接受历史教训。

---

① 朱佳木主编：《陈云年谱（1905 ~ 1995）》下卷，中央文献出版社 2000 年版，第 375 页。

关于中日历史认识问题的思考

JING YONG LI
旌勇里国史讲座
GUO SHI JIANG ZUO

主讲：步　平

作者简介

步　平

中国社会科学院近代史研究所研究员，所长兼党委书记。曾任黑龙江省社会科学院副院长。主要研究专业：中日关系史、东北亚国际关系史、日本侵华史、抗日战争史。主要著作：《第二次世界大战期间日本的化学战》、《日本的靖国神社》、《东亚三国的近现代史》、《日本右翼思想研究》。

中日关系问题，特别是当代中日关系中的历史问题，是大家非常关心的事。这里，我想谈谈有关的三个问题。

一、历史问题是当前中日关系发展中的一个障碍

关于中日历史问题的概念，我想所谓历史问题并非是历史本身，而主要是历史认识问题，即对过去曾经经历过的那段历史现在究竟是怎么认识的。在这个问题上中日间差异相当大，或者说是一种对立，由此对中日关系产生了障碍。历史认识问题，实际上是战后一直都没有得到解决的一个问题，并不是现在才发生或凸显出来的。最近，经过有关部门的批准，日本相当右倾的杂志《文艺春秋》约请中日两国学者在北京对话，讨论中日关系恶化的原因。我们发现，日方仍是陈词滥调，甚至是将 1945 年日本在战败时所持观点一成不变地又提了出来。如认为东京审判无战犯，主张当时三条认定战犯的原则中，反人道罪和反和平罪都是事后立法。1995 年抗战胜利 50 周年时，日本保守派的政治家成立的历史问题研究会组织专家举行了 20 次大的报告会，最后出版了《大东亚战争总结》一书，书中宣扬的仍是日本战败时甚至战时的“大东亚战争”观点，到战后 60 年的时候，那些人的认识基本上没有什么变化。所以，历史认识问题，的确在战后始终没有得到解决，只是有时显得比较突出，有时可能又被一些倾向掩盖住了。

二、几种反映中日历史认识问题的典型表现

（一）参拜靖国神社问题

靖国神社是大家已经耳熟能详的一个问题，但无论是国内的还是日本的报道、包括一些政治家的发言，都存在很多模糊的、混乱的，甚至是错误的认识。我觉得关于靖国神社问题有几点是需要特别强调的，需要对战前战后的整段历史进行具体的分析。

首先需要强调的是靖国神社本身。日本的一些所谓学者和政治家在为首相参拜靖国神社辩护时，称这是日本的传统文化，称对死者的尊敬和悼念是日本人的一般感情。我想要说明的是参拜靖国神社与日本传统文化是没有关系的，靖国神社并不是日本传统文化中的一个部分，而是因为有了靖国神社才创造出它所谓的文化部分。神道教是日本土生土长的一种宗教，它在日本设有许多神社，但其教义中没有悼祭战死之人并将其当作神的传统，相反的，它认为像战死这样非正常死亡的人是不能成为神的，是一种怨灵，是会对社会造成危害的，如灾荒、瘟疫都是由这种怨灵产生的。这种传统文化是在靖国神社出现后才发生改变的。明治维新时，伴随不断增多的战争和死亡，为鼓动人民继续为天皇献身和强化天皇地位，在1869年设立东京招魂社，1879年改名为靖国神社，目的是将为天皇献身的人供奉尊崇起来，这些人的魂魄被招回后，不再是怨灵而是“靖国之神”。可见，靖国神社并非是因神道教而产生的，而完全是为巩固天皇制建立的。所以，靖国神社与日本传统文

化没有直接关系，如果说与文化有关，那是伴随靖国神社的产生而出现的推崇“靖国之神”的与军国主义有密切关系的文化，而用日本传统文化来开脱是没有道理的。

其次需要强调的是靖国神社的国家地位。靖国神社建立后，一直由国家出资维持，并由日本陆、海军省和内务省共同管理。到侵华战争爆发后，日本每年都要在靖国神社进行多次的“合祀”仪式，即举行招魂仪式将阵亡者之灵集体“招回”供奉，特别是强制国民无论宗教信仰如何，都必须前往参拜“慰灵”。这个过程不是对死者的哀悼，而是一种对死者转化为“神”之后的精神的继承，日本进步学者将对“靖国之神”的慰灵称为“感情的炼金术”，也就是说阵亡者一旦进入靖国神社后，就成为日本精神的代表和日本国民学习尊崇的模范。靖国神社中的“神体”实际上只有两“座”，一座代表皇族战死之人，一座代表其他246万普通阵亡者，他们被统称为“靖国之神”。这是一种十分抽象的概念，之所以如此抽象，是为了使人们建立这样一种意识，即一旦进入靖国神社，就成为国家的“神”，就不再与个人或家族有任何联系。所以，靖国神社完全变成一个国家祭祀的地方，与国家有着密切的联系，这样一来，传统的神道教就作为政治工具被国家利用，即“国家神道”，这是日本军国主义教育中一个非常重要的环节。

最后需要强调的是靖国神社在战后的变化。战后初期，美国曾对靖国神社采取限制措施，颁布了“神道指令”，规定靖国神社脱离国家管理，不允许和政治有关系，靖国神社成为独立的“宗教法人”，不再具有国家宗祠的地位。20世纪50年代，以阵亡者是为天皇和国家献身为由，日本右翼团体鼓动战争“遗族”（阵亡者家属）要求靖国神社由国家管理，提出“国家护持”的口号。1967年，自民党开始在国会提出相应议案，但由于涉及政教合一的问题，这是战后日本宪法所不允许的，所以在国会上连续七次被否决。1974年，文部省大臣藤尾正行提出一个“迂回法案”，又称“靖国神社的正式参拜法案”，要求政治家和来访的外国元首正式参拜靖国神社，以变相实现国家管理。所谓“正式参拜”（在日本称“公式参拜”）须符合三个条件：参拜不是以私人身份，要注明官职；参拜时要带随从，要乘公车；要用公款来支付祭祀时的费用。“正式参拜”的实现等于建立了靖国神社与国家之间的关系，这应是我们反对政治家参拜靖国神社的最核心问题，因为它是“迂回法案”的目标所在，“正式参拜”等于承认了对靖国神社的国家管理，也就等于恢复了靖国神社在战前和战时的地位。“迂回法案”提出之后，到1978年，靖国神社才秘密地将东条英机等14名甲级战犯和2000多名乙级、丙级战犯“合祀”进去。所以，靖国神社背后的深层次的问题绝非只是供奉东条英机等战犯灵位那么简单，即使采取一些日本政治家提出的“分祀”（将东条英机等战犯灵位移出靖国神社）的建议，也根本不能解决靖国神社的本质问题，而且还孤立了日本国内坚决反对参拜靖国神社的进步力量（包括反对政教合一的人士和坚决反对参拜靖国神社的“和平遗族”等），因此，“分祀”是不可取的。实际上，“分祀”的想法早在1985年日本首相中曾根康弘参拜靖国神社时就曾提出，这是日本政治家第一次完全符合条件地正式参拜，引起了强烈反响。直到1996年，桥本龙太郎才再次正式参拜，目前小泉纯一郎已经参拜四次了。还有人提出另外建立一个国家悼念祭祀的地方，不失为一个解决办法。总的来说，靖国神社问题是集文化、宗教、感情、历史认识等诸多方面的一个复杂问题。

（二）历史教科书问题

关于历史教科书问题，也需要做比较全面的考察。

战前日本的历史教科书具有两个特征：一是从体制看，是国定教科书，即由国家修订，不允许民间编修教科书；一是从内容看，是充斥了（明显的）军国主义的教育内容，宣扬日本是“神国”，以明治维新后的天皇“教育敕语”为指导，核心是要求学生为国家和天皇献身，这一原则在战时被突出地强调，并加入了宣扬“大东亚战争”的内容。

战后日本教科书发生了变化。1945 年 9 月的新学期，由于已来不及编写新的教科书，所以只好将旧教材中露骨的军国主义口号用墨涂去，这种“墨涂教科书”是一种治标不治本的办法，因为旧教科书的指导思想和本质没有改变。在其后修订教科书的过程中，美国施加压力，要求日本允许民间编写教科书，由文部省审定，只可审查史实，不能限制观点。这样，教科书的审定制和国定制同时推动。随着日本战后政治的发展，受到日本政治中民主主义和否定军国主义的影响，审定制教科书的采用率很快就压过了国定制的教科书，到 1952 年，国定教科书的学校采用率已降至 2%，到现在，日本的初中基本上只有审定教科书，而没有国定教科书了。

战后 60 年来，日本的审定教科书一直是处在“改善”和“改恶”两种倾向的斗争中，朝着民主主义、反对军国主义方向的发展，遭到了相反方向的抵制，形成拉锯战，出现了三次大的反复。第一次是在20世纪50年代初，针对审定教科书的上升势头，日本右翼势力设法限制其采用。第二次是在80年代中期，日本右翼势力再度冲击审定制。现在是第三次，而且这次持续的时间相当长。

在这个过程中，我们首先需要注意日本教科书的"改善"趋势。日本知识分子在战后受到西方的民主主义和苏联、中国的马克思主义的影响，他们反思为什么在战时日本知识分子都支持了战争，并觉得日本知识分子对战争是负有责任的。这些进步的日本知识分子，自称为"悔恨的共同体"，认为应该反省战时日本知识分子支持战争的责任。家永三郎就是日本教育界的一个突出代表。他希望能用一种更准确、更客观的教科书来教育日本学生。20世纪60年代，他编写完成的教科书中采纳了苏联、中国等国家的历史观点，例如对明治维新的批评和对战争罪行的追究，但在审定时，文部省以其中南京大屠杀、731细菌部队、慰安妇、朝鲜问题等条不是事实、或没有充分证据为由不予通过。家永三郎主张上述问题均为事实，并认为审定制违反了日本宪法中关于教育自由、言论自由的规定。为此，从1965年开始，他先后三次起诉日本文部省和政府，由于审判程序复杂，最后一次判决到1997年才告结束，日本最高法院最后判决认定在教科书中写入南京大屠杀等问题符合事实，文部省的审定违宪；而教科书审定制为合法。教科书诉讼案对教科书的"改善"起了很大的推动作用，1997年审定的七种教科书都记述了慰安妇问题，其中六种还记述了南京大屠杀问题，对细菌战的问题也有涉及。

针对日本教科书“改善”出现的良好局面，日本右翼势力发起了强烈反击。除了采取打压策略以外，提倡“自由主义史观”的保守派的知识分子还成立了《新历史教科书》编纂会。日本教科书审定每四年举行一次。到2001年，编纂会编成一本新的教科书，并通过文部省审定，2005年又出了改订版。这就是扶桑社的《新历史教科书》。这种扶桑社版的教科书与前七种有本质区别，它完全退回到战前的立场。日本划分有542个学区，以学区为单位选用教科书。目前，日本基层的普通教师、特别是历史教师受进步力量的影响较大，但在上层文部省和地方教委里保守力量则比较强，在右翼势力的影响下，他们对学校施加压力，遭到学校方面的抵触，所以，在2001年，除东京都直接控制的残疾学校外，各学区公立学校没有一所采用扶桑社版的教科书，扶桑社教科书的采用率仅为0.039%。其后四年来，日本新建了一批初、高中一贯制的学校，虽然数量不多，但其中已有部分学校采用了扶桑社教科书。2005年的形势更为复杂，日本进步人士和团体积极呼吁学校拒绝采用扶桑社教科书改订版，做了各种争取工作。据预测，受到日本政治右倾趋向的影响，扶桑社教科书的采用率有可能会提高。

（三）战后民间诉讼问题

20世纪70年代，由于日本发动侵略战争而导致的战争受害人开始在日本法庭提起民间诉讼，至今已有77例。其中中国的受害人从1995年提出第一起诉讼至今已有22例，主要是劳工受害、慰安妇受害、细菌战受害、遗弃化学武器伤害等。目前大部分诉讼尚在日本地方法院审理，其中在地方法院胜诉或部分胜诉（法院支持或部分支持原告诉讼请求）的有9件，占15.5%；到高等法院审理的只有5件胜诉或部分胜诉，占12.5%；少数已到最高法院审理，但仅有1件胜诉，占5.6%。

这些诉讼之所以基本上都是在90年代以后发生的，主要是由于以下几种情况造成的：(1) 战后对日本战争责任的研究到90年代出现了一个高潮，像日本发动细菌战、化学战等罪行在战后未被审判的问题被越来越多地披露出来；(2) 旧金山和约的种种问题，如“亚洲不在”问题，即中国等真正在“第二次世界大战”中遭到日本野蛮侵略的亚洲国家没有参与其中的问题，在冷战结束后才得以体现出来；(3) 冷战结束后，国家主权和人权问题在国际社会上更突出了，战争受害人也开始意识到自己的权利；(4) 90年代，日本国内非政府组织的活跃促进了战争赔偿诉讼案的提起，中国的22例诉讼案绝大部分都是由日本的进步团体和律师发动起来的。

诉讼过程客观上对促进日本社会加深认识侵略战争的责任是有积极作用的，这也是发起诉讼的目标之一。此外，对诉讼结果的判断，则应从是否认定战争侵害的历史事实、是否认定日本政府对造成这些侵害事实上的责任、是否支持诉讼人的赔偿要求等三个方面予以全面分析。虽然近几年的诉讼还没有一起得到赔偿，但在前两个方面已有所突破。这些诉讼案件越多，对日本社会的影响也就越大，但毕竟是个案，不能解决整体问题。所以，日本的进步民间团体和律师团体希望能够推动日本政府出台对外国人战后补偿法，一揽子解决战争受害人的赔偿问题。还应指出的是，国内媒体有不少片面、甚或是错误的报道，仅单纯地反映中国战争受害原告的情况，而忽视报道支持诉讼的日本和平团体与律师的情况，这会给本来就不甚了解情况的中国民众造成许多误解。

（四）遗弃化学武器问题

使用化学武器是违背国际公约的，对此日本十分清楚，所以在战争结束时，日军将化学武器埋置地下，或者即便上缴，也不告知中方其武器性质，这是造成战后遗弃化学武器问题的一个最根本的原因。1992 年在日内瓦就禁止化学武器公约进行谈判时，中国提出日本遗弃化学武器的问题。公约在 1993 年签署，1997 年生效，规定十年内销毁各国的化学武器，包括日本遗弃在中国的化学武器。尽管日本起初否认责任，但经过多次谈判和现场调查后只得确认了事实。1999 年，中日签订《关于销毁中国境内日本遗弃化学武器的备忘录》。截至 2005 年，销毁遗弃化学武器的工厂选址和环保等项工作已基本完成。销毁工作由日方提供资金和技术，中方负责监督，特别是避免造成再度污染和伤害。日本民间一些团体也发起一些活动，如在全国发布热线电话，呼吁日本老兵或知情者告知遗弃化学武器的地点线索。日本进步人士和团体，也希望通过对日军战时使用化学和细菌武器的罪行揭露，来唤起国民对日本战争责任的认识。

三、解决中日间历史认识问题的一些设想

中日间历史问题的解决，是一件十分困难的事情，它牵涉方方面面的许多问题，如政治问题、国际关系问题、中国经济实力的发展问题、对右翼势力的抵制和批判问题等。这里，我

想着重探讨一下在历史认识层面上和多数日本人相互沟通理解的可能性的问题。

之所以有这个想法，主要基于以下几个理由：（1）对日本社会力量的基本分析。我们需要重视上面我已经谈到的日本进步力量。日本的政治势力划分为左翼、左派、中间派、右派、右翼。所谓日本的“右翼”，实际上相当于欧洲的极右势力，是少数，因此，对日本的政治势力要有正确的区分和判断，要注意到占多数的中间派力量。（2）日本战后出生的人占日本人口比例70%，他们没有战争经历，对战争的认识都比较空洞和抽象，谈到战争的第一印象往往是广岛原子弹爆炸。所以，尽管日本战后的和平思想与和平运动活跃，但应认识到许多日本人是站在自身是战争受害者的立场上来反对战争、主张和平的，而对日本作为战争加害者的罪行长期以来几乎没有认识。在这一点上，中日双方不是不可以沟通的，应该使日本从被害和加害的两种立场上来了解战争。（3）日本年轻人对战争责任的认识是可以改变的，这在我任日本大学客座教授、开设中日战争课程时，就得到了证明。因此，在教育方面，我们还有许多工作可以做。（4）当今世界处在一个和平发展的时代，在全球化的要求下，我们应具有更为开阔的视野和宽宏的心胸，来面对历史和未来。如果历史问题长期得不到解决，对于亚洲的区域发展也会形成阻碍。（5）德国与法国、波兰等国家就战争历史在共同研究的基础上达成共识的经验，为中日两国提供了一个很好的范例。从2002年至2005年，中日韩三国学者用三年多的时间编写了《东亚三国的近现代史》一书，是在这方面的一次有益的摸索和尝试，这也是历史学工作者对解决中日间历史问题的义不容辞的责任。

JING YONG LI
旌勇里国史讲座
GUO SHI JIANG ZUO

关于构建和谐分配关系问题

主讲：杨圣明

作者简介

杨圣明

中国社会科学院学术委员会委员，兼副秘书长；中国社会科学院对外经贸与国际金融研究中心副主任。曾任中国社会科学院研究生院副院长、中国社会科学院财贸经济研究所所长、学术委员会主任、党委书记、《财贸经济》杂志主编。主要学术著作有：《中国消费结构研究》（独著）、《当代中国经济》（与杨坚白、李学曾合写）、《中国式消费模式选择》（独著）、《九十年代中国市场消费战略》（主编）、《国内外市场接轨的理论与实务》（主编）、《中国特色市场经济论》（主编）、《中国经济开放理论创新》（专著）、《中国宏观经济透析》（专著）。曾先后五次荣获我国经济学界最高奖——孙冶方经济科学奖，四次荣获中国社会科学院优秀科研成果奖，一次荣获安子介国际贸易研究奖以及多项其他奖励。

改革前我国存在着严重的平均主义。为了解决这个问题，曾经提出“效率优先，兼顾公平”的理论导向。结果，出现了两极分化的新问题。针对这个问题，中共中央提出必须更加注重社会公平，构建和谐分配关系，使13亿人民共享改革的成果。本文试图从分析两极分化的成因入手，提出如何构建和谐分配关系的主张。

一、当前分配领域中两极分化的主要表现

（一）基尼系数显著超越国际公认的警戒线

国际上一般将基尼系数0.4作为警戒线。而我国的基尼系数已经明显超过了这个界限。2001年1月，国家统计局公布的基尼系数已经接近0.4，并得出结论说，“在实际经济生活中，确实产生了有天壤之别的两端：一端是人数不多且‘富得冒油’的社会阶层，另一端是少量生活非常贫困的低层百姓”。[①] 有的文章指出，从1992年起我国的基尼系数就已连续突破0.4的警戒线，而如果考虑到偷税漏税、官员腐败、集团消费转化以及其他类非法、非正常收入影响，中国居民收入差距的基尼系数在1988～1997年间一直处于0.4以上，1995年甚至高达0.517；[②]

① 国家统计局：《从基尼系数看贫富差距》，《中国国情与国力》2001年第1期。

② 陈宗胜：《非法非正常收入对居民收入差距的影响及其经济学解释》，《经济研究》2001年第4期。

有的报告指出，我国的基尼系数2000年为0.417，2001年为0.440，2002年达0.435。[①] 据中国人民大学和香港科技大学的联合调查，2004年中国的基尼系数已达0.53。据世界银行《2002年世界发展报告》的资料，中国1988年的基尼系数为0.403，按高低排列，在107个国家或地区中居第43位。与印度相比，明显高于印度1997年的0.378，与美国大体相当。美国的基尼系数1947年0.376，1973年0.356，1993年0.401，2001年0.453。[②] 据2004年联合国人类发展报告的数据，中国的基尼系数已高达0.45～0.53，高于美国、法国、日本、波兰、印度的0.3～0.4，接近俄罗斯、伊朗的0.46～0.53，低于巴西和南非的0.59。以上资料证明，我国分配领域中的两极分化相当严重。

（二）贫与富各20%或10%的人口的收入之比过高

据世界银行的资料，1998年最穷的10%的人口的收入与最富的10%的人口的收入之比，中国是12.7倍，而印度为9.5倍；最穷的20%的人口的收入与最富的20%的人口的收入之比，中国是8倍，而印度是5.7倍。显然中国的差距大于印度。美国最穷的20%的人口的收入与最富的20%的人口的收入之比，1947年为8.6倍，1973年为7.5倍，1993年为11.5倍，2001年达11.4倍。综合观察，半个多世纪以来，美国的收入差距有扩大的趋势，且比中国和印度更为严重。

---

① 张平等：《"十一五"和今后一个时期我国经济社会发展面临的环境》，《学术动态》2002年第30期。

② 王振中主编：《市场经济的分配理论研究》，社会科学文献出版社2004年版，第352页。

（三）城乡居民收入差距有持续扩大的趋势

我国城乡居民人均收入之比，虽然从1978年的2.36降至1985年的1.85，但从1986~2004年一直是扩大的，2004年达到3.2。同时城乡居民消费水平之比由2.5倍扩大到3.6倍。有些文章指出，如果将城市职工工资外的各种隐性收入计算在内，现阶段城乡居民收入之比大概在5~6倍。[①] 至于城乡居民收入之比多少合适，学术界的看法并不相同。多数学者认为1.5~2倍的范围可能是合理的。如果以这个标准衡量，那么我国城乡居民收入的比例关系中的问题是相当严重的，即差距太大，比例失调。正像有的人指出的“城市像欧洲，农村像非洲”。

（四）各地区之间两极分化加剧、东西部差距有扩大的趋势

仅以江苏与贵州，浙江与青海为例加以说明。

各地区差距变化

单位：元

	1986年人均国民收入	2004年人均生产总值	2004年比1986年增长
江　苏	1064	20705	18.5倍
贵　州	406	4215	9.4倍
二者之比	2.6:1	4.9:1	88.5%
浙　江	1042	23942	22.0倍
青　海	698	8606	11.3倍
二者之比	1.5:1	2.8:1	86.7%

① 王振中主编：《市场经济的分配理论研究》，社会科学文献出版社2004年版，第319~320页。

以上材料证实，我们在奔向共同富裕时却出现了贫富两极分化，这是很值得深省的问题。邓小平在改革开放之初就告诫我们，一定要防止两极分化。他指出："社会主义的目的就是要全国人民共同富裕，不是两极分化。如果我们的政策导致两极分化，我们就失败了；如果产生了什么新的资产阶级，那我们就真是走了邪路了。"① 他又说："社会主义的本质，是解放生产力，发展生产力，消灭剥削，消除两极分化。"② 20年后的今天再读一读小平同志的这些指示倍感亲切，这是建设和谐社会的重大问题。

二、市场经济规律是两极分化的客观原因

（一）价值规律

在客观上，贫富两极分化是经济规律作用的结果。大家知道，商品的价值量是由生产某种商品所消耗的社会必要劳动量（或称社会必要劳动时间）决定和计量的。它是评价某一行业内的众多生产经营者优劣的社会标准和尺度，又是催促着生产经营者前进、前进、再前进的无声命令和无情的鞭子。在同种商品的众多生产经营者中，符合这个标准者可以获得正常利润；以较少劳动时间达到这个标准者，可以获得超额利润，发财致富；而达不到这个标准者不仅不能获利而且要亏损甚至破产，变成失业者和贫困者。这就是价值规律的分化作用。价值

---

① 《邓小平文选》第3卷，人民出版社1993年版，第110～111页。
② 同上书，第373页。

规律除了具有调节生产和流通、刺激技术水平和管理水平提高的积极作用（或正效应）外，同时还有对生产经营者的分化与分解的消极作用（负效应）。它们二者同时并存，两种作用交织在一起，不能只肯定前者，而否定后者。实行市场经济导向的改革以来，价值规律在我国充分显示了它的分化与分解的作用。这种作用不仅表现在生产和流通领域，而且表现在城乡关系和地区关系上，在凡是有市场经济活动的地方都显示出来。以电视机、冰箱、洗衣机等家用电器行业为例，20 多年前这些产品都有众多生产经营者，每个省、每个大城市都有企业生产这些产品，而今还有几家电视机厂、冰箱厂、洗衣机厂？只有少数几家尚存并发财致富了，而多数都破产关闭了，并由此造成大批失业者和贫困者。让我们再看看大批“下海”者，当初他们都希望自己成为暴发户，而结果呢？被价值规律分化了，有的如愿以偿，成了富翁；也有的破产了，赔了个精光，二者天壤之别。这种情况也就是价值规律的“优胜劣汰”的作用。凡是有竞争的地方无不呈现出这种现象。

（二）按劳分配规律

劳动成果在劳动者之间的分配，不论在社会主义制度下，还是在资本主义制度下，都以劳动为尺度，按劳动的数量和质量进行。简言之，都实行按劳分配。这是分配领域中的一条客观规律。它不是社会主义的特有规律，而是人类社会的一条共有规律。按劳分配规律不过是上述价值规律在分配领域里的延伸与转型，或者说，它是分配领域中的价值规律。在论述按劳分配时，马克思曾经明确指出：“至于消费资料在各个生产者中间的分配，那末这里通行的是商品等价物的交换中也通行的同一原则，即一种形式的一定量的劳动可以和另一种形式的同量劳动相交换”。[①] 我们知道，价值规律对于商品生产者具有分化与分解的作用，按劳分配规律对于劳动者也有同样的分化与分解作用，也产生分配中的两极分化问题。这是因为：（1）劳动有简单劳动与复杂劳动之分，而复杂劳动不过是简单劳动的倍加。这种倍加，随着教育、科技、信息的迅猛发展，正在按几何级数不断上升，2 倍、4 倍、8 倍、16 倍……现在已不止几十倍甚至几百倍了。如此巨大的劳动差距，体现在劳动成果分配上难道不出现两极分化？（2）限于教育、科技短期内无法普及，教育和科技成果，尤其是高科技成果，还只有少数人享用，复杂劳动将长期仍是少数人的专利，而简单劳动仍将伴随相当多的人的终生。在劳动面前，劳动者表面上是平等的，而实际上是不平等的。先富者、巨富者、豪富者，多数是复杂劳动者。他们与简单劳动者的财富差距正在逐渐扩大。（3）失业者、半失业者、患病者、残病者等，无法就业，没有劳动，无法实现劳动者的权力，自然无劳动收入可言，成为靠救济金的赤贫者。总之，基于劳动差别之上的劳动收入的差别正在扩大，甚至形成两极分化。而这种现象是由按劳分配规律产生的。正因如此，马克思把反映按劳分配规律的按劳分配原则视为资产阶级法权。[②] 在社会主义制度下，通行资产阶级法权，似乎悖理，但确属必然，无可奈何！既然如此，在资产阶级法

① 《马克思恩格斯选集》第 3 卷，人民出版社 1972 年版，第 11 页。
② 同上。

权的框框内，出现两极分化也就不足为奇了。

（三）资本积累规律

马克思揭示的资本主义制度下的资本积累规律有两种表述。一是“在一极是财富的积累，同时在另一极，即在把自己的产品作为资本来生产的阶级方面，是贫困、劳动折磨、受奴役、无知、粗野和道德堕落的积累”。[①] 二是由于资本有机构成不断提高，“总资本的可变组成部分的相对减少随着总资本的增加而加快，而且比总资本本身的增长还要快”。[②] 这两种表述的文字大不相同，但实质是一样的，都说明资本以无偿占有劳动者的劳动成果而不断进行积累，贫富两极分化日趋严重。前者表明，随着资本家的资本积累不断扩大，无产阶级日益绝对贫困化；而后者则表明，随着资本积累而无产阶级日益相对贫困化。100 多年来，对于马克思揭示的资本积累规律有三种态度：第一种是否定态度，根本否定它的存在，甚至认为那是马克思杜撰的；第二种是肯定与否定各半，否定无产阶级绝对贫困化，而肯定相对贫困化存在；第三种是肯定态度，认为不能把那种规律局限在某些发达国家，在全球范围内确实既存在相对贫困化，更存在绝对贫困化。三种观点哪种正确将由历史去评判。我们在这里关心的是社会主义制度下的资本积累规律是不是存在？它的基本要求是什么？邓小平回答了这个问题，揭示了社会主义制度下的资本积累规律，这就是“消除两极分

---

① 《马克思恩格斯全集》第 23 卷，人民出版社 1972 年版，第 708 页。
② 同上书，第 691 页。

化，最终达到共同富裕”。[1] 显然，社会主义的资本积累规律不同于资本主义的资本积累规律。不过，应注意小平同志所说的“最终”，而不是现实。在“最终达到共同富裕”之前，是不是还有分配差距扩大的阶段？当然有。在扩大阶段，也会出现两极分化。这种分化的内在机理是什么？很可能是资本积累规律作怪。社会主义制度下的资本是混合体，其中有国有资本、私人资本、外资资本等。不同的资本，反映着不同的社会经济关系，它们各自也有不同的亚积累规律。私人资本、外资资本的积累，在本质上必然出现两极分化问题，即资本规模越来越大，而劳动者获得的部分则相对减少。这在不少东部地区已经出现。更为重要的是，资本有机构成不断提高的规律（或者说生产资料生产优先增长的规律）不仅在资本主义制度下存在，而且在社会主义制度下也存在，它是人类社会中经济运行的共同规律。在社会主义条件下，由于有机构成不断提高，用于活劳动的资本在资本总量中的比重相对下降，同样会出现相对贫困化问题。有的学者认为，在经济增长的前期阶段或粗放增长阶段，资本有机构成是提高的，随着这种提高，将会出现两极分化；与此不同，在经济增长的后期阶段，或集约增长阶段，资本有机构成将下降，随着这种下降，劳动者取得的部分将逐渐增多，收入分配差距将有缩小的趋势。[2] 本人认为，这种论点及论据似有不妥。不论经济增长的哪个阶段，人类征服自然和改造自然的工具、手段或者说劳动资料都必须不断更新、不

① 《邓小平文选》第3卷，人民出版社1993年版，第373页。

② 冯子标：《历史地客观地认识两极分化》，见《市场经济的分配理论研究》，社会科学文献出版社2004年版，第33～35页。

断扩大、不断现代化，一句话，生产资料相对于消费资料必须优先增长。这是几千年人类生活证明了的客观规律。生产资料优先增长或资本有机构成提高，并不因人力投资的增加而有所改变。对于这一点，马克思在《资本论》第二卷第三篇提出的两大部类学说从理论上进行了最充分的论证。列宁在《论所谓市场问题》、《评经济浪漫主义》等著作中进一步发展和丰富了马克思的这个学说。20 世纪 80 年代初，我国经济学界又讨论过这个问题，不少刊物上都有反映。现在，并没有更多的论据改变那时的结论。

应当强调指出，资本积累规律同价值规律不仅不相矛盾，而且它恰恰是价值规律的应用、延伸和变形。对此，马克思指出，“不论资本主义占有方式好像同最初的商品生产规律如何矛盾，但这种占有方式的产生绝不是由于这些规律遭到违反，相反地，是由于这些规律得到应用”。为什么这样？马克思做了解释和说明。他写道：“每一次交易都始终符合商品交换的规律，资本家总是购买劳动力，工人总是出卖劳动力，甚至还可以假定这种交易是按劳动力的实际价值进行的；那末很明显，以商品生产和商品流通为基础的占有规律或私有权规律，通过它本身的内在的、不可避免的辩证法转变为自己的直接对立物。”①这就是说，等价交换的规律即价值规律转变为资本主义的无偿占有规律即资本积累规律。马克思还进一步做出结论：“商品生产按自己本身内在的规律越是发展成为资本主义生产，商品生产的所有权规律也就越是转变为资本

---

① 《马克思恩格斯全集》第 23 卷，人民出版社 1972 年版，第 639、640 页。

主义的占有规律”。[①] 价值规律越是转变为无偿占有的资本积累规律，资本积累规律就越是反映出价值规律的两极分化作用。简言之，资本积累规律就是两极分化规律。以上是就资本主义条件下而言的，而现在最主要的问题是，社会主义条件下的积累规律是不是价值规律的转化与应用？价值规律的分化与分解作用在社会主义资本积累中又是如何反映和表现出来的？社会主义积累规律是不是也最终转化为两极分化规律？笔者认为，价值规律是商品生产和交换的基本规律，起主要的根本的决定作用，其他经济规律包括积累规律和按劳分配规律不能不服从和服务于它的基本要求。在这个基础上，社会主义积累规律和按劳分配规律最终是否转化为两极分化规律，则取决于积累是真正而不是名义上取之于民，用之于民；还是取之于民，用之于己；或二者折中之。这三种状态决定社会主义的不同命运，也决定着社会主义积累规律是否转化为两极分化规律。

总而言之，在没有政府干预、完全由市场调节、任凭上述三大规律起作用的情形下，收入分配的差距会不断扩大，必然产生两极分化。资本主义市场经济的实践已经证明了这一点，[②] 并采取了相应的政策加以校正，而社会主义市场经济可能也将如此，也许政府的校正政策更贴近劳动者，更体现“以人为本”。

---

① 《马克思恩格斯全集》第23卷，人民出版社1972年版，第644页。

② 有的专家用数学模型证明了这一点。见清华大学经济管理学院吴栋、赵西亮合写的论文《市场、政府与收入分配》，见《市场经济的分配理论研究》，社会科学文献出版社2004年版，第346～352页。

三、认识的偏颇与政策的不到位是两极分化的主观原因

目前，我国的两极分化既然是经济规律造成的，那么它是不是就无法改变？或者说，我们无能为力？不是的。对于这类问题，斯大林有科学的分析和精辟的观点。他写道："在天文、地质及其他某些类似的过程中，人们即使认识了它们的发展规律，也确实无力影响它们。把这些过程除外，在其他许多场合，人们决不是无能为力的，就是说，人们是能够影响自然界过程的。在一切这样的场合，人们如果认识了自然规律，考虑到它们，依靠着它们，善于应用和利用它们，便能限制它们发生作用的范围，把自然界的破坏力引导到另一方向，使自然界的破坏力转而有利于社会。""对于经济发展规律，对于政治经济学规律——无论指资本主义时期或社会主义时期都是一样，——也必须这样说。在这里，也如在自然科学中一样，经济发展的规律是反映不以人们的意志为转移的经济发展过程的客观规律。人们能发现这些规律，认识它们，依靠它们，利用它们以利于社会，把某些规律的破坏作用引导到另一方向，限制它们发生作用的范围，给予其他正在为自己开辟道路的规律以发生作用的广阔场所"。[①] 这是马克思主义者对待客观经济规律的正确态度。对比一下我们对待上述三条规律即价值规律、

① 《苏联社会主义经济问题》，见《斯大林文选》，人民出版社 1962 年版，第 572、573 页。

按劳分配规律和积累规律的态度，不免觉得问题还是较多的。限于篇幅这里仅谈三个问题。

（一）对市场及其运行规律的负面作用的认识问题

在计划经济时期，把市场等同于资本主义，看成洪水猛兽，总想把它消灭。而转入市场经济以来，又将市场描绘成灵丹妙药、完美无缺、无所不能，于是市场万能论、市场崇拜论不胫而走，漫天飞。这两种片面性已经造成了巨大损失。市场像一切事物一样，有二重性，双重作用。由市场配置资源，确实能调动和发挥各方的积极性与创造性，有利于提高效率，促进生产力发展。但是，市场机遇、市场信息、市场决策能力、市场运作手段等，对每个人或每个企业并不是均等的，甚至相差十分悬殊，因而从市场获取的有的是利益，有的是亏空。即使都获利，也有多利与少利、大利与小利之分。这样市场虽然是一个，但市场参与者却有三六九等之分，这当然有损于社会公平原则。以前某个时期颇为时髦而盛行的所谓“内部人收购”，有人以“近水楼台先得月”的权位优势，采用“空手套白狼”的手法，侵吞了巨额的国有资产，一夜之间变成了富翁。难道这里面没有资本市场的负面效应吗？改革开放的实践已经证明，市场的二重作用是十分显著的。至于市场运行中的价值规律、按劳分配规律和资本积累规律的二重作用，已如本文上述。总而言之，市场及其运行规律的二重作用，既可使一批人富起来，又可导致分配领域的两极分化，出现更多的穷人。这一点，过去认识不够全面，过分强调了市场的积极作用，而轻视了它的消极作用，更没有针对这种负面作用采取相应的政策。

（二）对市场及其运行规律的覆盖面的认识问题

市场是不是无所不在、无时不在的万能主宰呢？换言之，市场的作用范围是不是覆盖全社会的？价值规律的作用是不是无限的？在某些人看来，这都是不成问题的，不必多费口舌。我们认为，这是导致分配领域中两极分化的重要原因，值得关注。近几年来，在市场不应进入的某些行业恰恰出现了利用市场机制的暴发户。在一些没有市场竞争的垄断性行业大刮“市场价格风”，从中生出不少富翁。九年制义务教育绝不是市场起作用的地方，但五花八门的“市场价格”却使某些义务教育学校成为门庭若市的火爆市场。国家政权机关本应是拒绝市场进入的场合，但是在“政企分离”之后又变相地办了多少“政企合一”的企业呢？有些权威机关的“创收”可谓惊人，有些“公务员”不是靠市场成了暴发户吗？事实还证明，在不应该存在市场的地方，还有不少灰色市场，黄色市场，黑色市场等，从中也滋生出一些富翁。总之市场覆盖全社会所带来的恶果正在逐步显示，价值规律的越界行为再也不能容忍下去了。现代经济学早在20世纪初就观察到了市场失灵（market failure）现象，即市场在某些领域不能发挥作用或不宜发挥作用的情形。为了充分发挥市场的作用，有必要树立市场与非市场的界碑，界定市场及其运行规律的活动空间，避免市场进入误区或失灵区。这不论在理论上还是实践上，都是创立中国特色社会主义市场经济体制的必不可少之举。

（三）政府与市场在收入分配中的地位与作用的认识问题

改革开放以来，收入分配中的公平与效率的关系有三种表述或经历了三个阶段：其一，“兼顾效率与公平”，这是改革初期经验的总结，写进了党的十四大决议；其二，“效率优先、兼顾公平”，将公平与效率区分为“优先者”与“兼顾者”，写进了十四届三中全会文件；其三，初次分配中注重效率，再分配中注重公平。这是最新的提法，写进了十六大报告。若按照现代经济学的原理，将效率由市场解决，而公平归于政府的责任，可见，效率与公平的关系实质上是市场与政府的关系。近20年的实践已经一再证明，在这个关系方面，政府或者为了追求效率即更高速度的GDP，或者限于自身财力，往往将由自己负责的公平问题也推向市场，由市场机制去解决。比如上述的义务教育问题、公共卫生问题、基础设施问题等。公务员的工资问题本应由政府统一解决，但迟迟不见行动，只好“八仙过海，各显神通”，依靠市场机制了。结果，公务员的收入不仅各地相差悬殊，而且同一城市、同一地区的不同部门的差距也十分惊人。这既不利于效率，又有损于公平。城乡居民收入差距扩大的速度如此之快，同政府的“反哺农业”不到位也有一定关系。在种植业中确实存在“收益递减规律”。其“减”的部分只能由政府弥补，市场机制无能为力。以上列举这些事例说明，正确认识和处理政府与市场在收入分配中的地位和作用，尤其是明确政府应尽的责任，对于解决两极分化问题有相当重要的意义。

鉴于已出现的两极分化的严重程度和面临的就业压力，需要调整政策，宜将“效率优先、兼顾公平”逐步转向“公平与效率并重”。这将有利于构建和谐社会。至于“初次分配注重效率，再分配注重公平”的提法很不妥当。初次分配与再分配的界限如何划分？过去以五大物质生产部门为界，而今何谓生产部门，何谓非生产部门，分歧颇大。由于标准不清，初次分配与再分配的关系也十分混乱。如果说在这种混乱环境中能处理好效率与公平的关系，岂不令人费解？不论初次分配，还是再分配，都应该实行公平与效率并重，兼顾二者。

四、应采取的主要政策和建立的重要制度建议

为了遏制、削弱以至阻止由市场及其运行规律所造成的两极分化迅猛发展的趋势，在正确解决上述三个认识问题的基础上，笔者认为应采取的政策和建立的重要制度大概如下：

（一）树立市场与非市场的界碑，界定市场运行的空间，避免市场进入失灵区或误区

市场与非市场的界限依时间、地点和条件不同而异，在不同国家或某个国家不同时期呈现明显差别。一般而言，市场宜于在富有竞争的通行等价交换原则的经济中施展才能；反之，在自然垄断的难以贯彻等价交换原则的经济中市场就难以起作用。所以，竞争与等价交换可以作为市场与非市场的两座界碑。按此界碑，再考虑到产品使用价值的不同的社会效应，有必要把社会经济生活划分为三个不同的领域，即市场化领域、半市场领域与非市场领域。凡富于竞争、通行等价交换的产

业，都是市场化领域，这是市场的伊甸园。它在我国社会主义市场经济中占主体地位，属于最大的领域。凡自然垄断、不存在竞争的地方，都是非市场领域。国家的公共卫生、义务教育以及社会公共用品等也不准市场进入。国家政权机关（行政、立法、司法）以及政治思想、伦理道德等，也是非市场领域。介于以上二者之间的、虽然有竞争性但有强烈的外部性、难以实行等价交换的社会经济活动则是半市场领域。这样的思路也可以延伸到某些行业和部门内。例如在教育领域，义务教育是非市场领域，而研究生教育则是市场化领域，介于二者之间的本科、大专、高中教育可视为半市场领域。在这种划分的基础上，市场领域中由市场配置资源，非市场领域中由政府配置资源，而半市场领域中则市场与政府协同配置资源。这样做的目的是从根本上解决目前某些部门或行业享用市场与政府配置的双份资源、而另一些部门或行业则缺乏起码的资源，以促进社会经济生活的和谐发展。

（二）创立适应市场经济要求的社会核算体系，使市场经济成为透明的经济，使市场竞争者的业绩大白于天下，堵塞腐败的源头

近几年报刊上经常有骇人听闻的消息，诸如国家税收流失上千亿元等。若穷追其根源何在，得到的回答不是猜测，就是估计。相反，在某些西方发达国家，某某部长、总理隐瞒收入或偷税漏税多少，可以追查到小数点后两位数，并且使局外人深信不移。形成上述鲜明对比和反差的根本原因在于是否有适应市场经济的社会核算体系。所谓社会核算体系，简单地说就是社会中的每个部门、企业、单位以至个人的所有收支活动都由银行记录在案，而银行又全国联网。这样，社会核算体系将使市场经济成为透明的经济。在西方，不能说没有灰色收入、黑色收入等，但由于社会核算体系的威慑作用，使之望而生畏，明显减少。即使总统、总理隐瞒收入、偷税漏税，也有冒险的恐惧之感。相反，在我国，由于缺乏比较完备的社会核算体系，很难弄清每个单位、企业和个人的收支情况，更不了解其来龙去脉。所以经济状态是混沌不清的，每个单位或个人的收入究竟是多少，谁也弄不清。这样，黑色收入、灰色收入以及偷税漏税等自然瞒天过海。在这种情况下，腐败滋生与蔓延不足为奇。

应强调指出，完备的社会核算体系，不仅是合理税赋的必需、堵塞腐败的必需、促进社会公平的必需，也是将国家宏观调控与决策置于可靠可信基础之上的必需。没有准确的数据，造假账、造数字，还有科学的宏观决策吗？总而言之，创立和完善我国的社会核算体系确实是十分紧迫而意义重大的事情。

（三）完善和强化社会保障体系，使失业者、退休者、残疾者和低收入者都有基本的生活保障，保持社会经济生活的稳定

大家对于社会保障体系的重要作用越来越认识清楚了。当前存在的主要问题是需求与供给不相适应，需求远远大于供给，社保基金入不敷出、相当紧缺。基金的筹集应本着国家、单位和个人共同负担的原则去解决。要强化征管，坚决制止不交者。除目前已有的筹措资金的渠道外，有必要将出售国有资产的资金更多地用于这方面，将全部的利息税和高收入者交的

部分所得税用于这方面，国家财政还要在住房、医疗、教育等基本生活方面给予更多的补助。对于这一人群的基本生活保障线，要随着经济发展适时做出调整，使之与国家的经济力量相适应。限于我国国情，各项标准都不能太高。北欧各国的“福利病”的教训值得重视。

（四）完善工资制度，将名目繁多的各种收入尽量纳入工资内，并实施正常的工资晋升，以体现按劳分配为主的原则

我国实施的以按分配为主的原则，应主要通过工资制度体现出来。但是，现行的工资制度已名存实亡。工资在个人收入中的比重已降至1/2、1/3、1/5，以至1/100、1/200等。劳动者不再主要靠工资收入，而是其他收入。这样，工资已不能调动劳动者的积极性和创造性。一旦退休了，由于工资外的收入没有了，个人生活一落千丈，谁都怕退休。这种状况再也不能继续下去了，必须采取有力措施，完善工资制度，将各种名目繁多的收入纳入工资，保证工资的正常晋升，使工资收入占个人收入的比重不低于80%，使工资真正体现多劳多得的原则，也使个人收入大白于天下。

（五）千方百计增加农民收入，保证农民收入与城镇居民收入大体同步增长

我国城乡居民收入差距的变化可能经历三个阶段，即扩大阶段、相持阶段和缩小阶段。第一个阶段已经20年过去了，差距扩大的趋势应当扭转，不能无限扩大下去。最好从“十一五”开始进入第二阶段，即城乡居民收入同步增长阶段。由于同步增长，二者的差距大体维持目前的状况。这个阶段至少需要20年时间。可能在21世纪中叶时才能进入缩小阶段。有人提出目前就应该步入城乡收入差距缩小的阶段，这是可望而不可即的。

在如何增加农民收入问题上，并不是无计可施。主要措施有：（1）大力发展农林牧副渔各业、传统手工业、旅游业、各种现代服务业等；（2）鼓励和培训更多的劳动力出外打工，既要有长期工，也要有季节工、临时工；（3）增加农民种粮补贴，每个农民平均每年从国家获得的补贴，美国约11 000美元、欧盟约3 500美元，而我国仅有50美元。我国加入WTO协议还允许相当于农业总产值9%的补贴给予农民，我们还远远没有达到这一点；（4）坚决保护农民的土地使用权的收入。土地是农民安身立命之本，有些地方无偿剥夺农民的土地，即使给点钱也微不足道，这样就把农民推向了绝路。土地使用权的收入应是农民的最大收入，是基本生活来源，保证农民安身立命。

（六）切实解决东西部地区收入差距过大问题，促进东西部地区协调发展

由于历史原因和自然条件的差异，东西部地区在经济发展水平上确有明显差距。与此相适应，收入差距也是相当大的，解决这类问题是长期的历史任务。但是采取某些措施，遏制或阻止差距过大以至逐步缩小差距是应当做到的。在计划经济时期，尤其在建国初期的20世纪五六十年代，多是采取地区津贴的办法，使东西部地区的职工及其家庭收入大体相等，因而没有出现“孔雀东南飞”的现象。而今似乎也应采取这个措施，凡在西部地区工作者给予一定的地区津贴，离开者则取消。这种补贴应保证东

西部地区的同等级别者获得大体相同的报酬，以稳住当地的优秀人才。这项津贴应列入财政转移支付之内，由国家统筹解决。

采取以上措施都是为了校正市场及其运行规律所造成的两极分化现象。能否达到这个目的，取决于政府与市场的博弈结果。所有这一切都是为了促进社会主义和谐社会的成长与壮大。

JING YONG LI
旌勇里国史讲座
GUO SHI JIANG ZUO

谈谈史学工作者的责任和素养

主讲：陈祖武

作者简介

陈祖武

1981年7月毕业于中国社会科学院研究生院历史系。现为中国社会科学院文史哲学部委员，历史研究所研究员兼所长、所学术委员会主任、所专业技术资格评审委员会主任，中国社会科学院研究生院历史系主任、教授、博士生导师。专业方向为清代学术史。

主要论著有：《清初学术思辨录》(1992年)、《中国学案史》(1994年)；主要论文有：《顾炎武与清代学风》、《从清初的反理学思潮看乾嘉学派的形成》、《王船山〈双鹤瑞舞赋〉为尚善而作说辨》、《梁启超对清代学术史研究的贡献》、《孙奇逢与〈理学宗传〉》、《〈明史纪事本末〉杂识》、《朱熹及其〈伊洛渊源录〉》、《〈皇清经解〉与古籍整理》、《关于研究中国学案史的几个问题》、《关于乾嘉学派的几点思考》；古籍整理：《李塨年谱》(1988年)、《颜元年谱》(1990年)、《榕村语录》、《榕村续语录》(1995年)。

我们中国有个好传统，就是尊重历史，热爱历史。中国的史家几千年来也有一个好传统，就是实事求是，秉笔直书。这是我们中国史学界引以为荣的传统。唐代的史学大师刘知几进行理论总结，在史家的素养问题上，提出了“才、学、识”三个字。到了清代乾嘉时期，史学大师章学诚发展了刘知几的主张，在“才、学、识”三个字之后，又加了一个“德”字。他的《文史通义》专门有一篇，叫《史德》，这就把“才、学、识”和“德”合起来了。我认为，这四个字是我们史学工作者要尽职尽责做到的。如果把这四个字与我们新的时代任务结合起来解释，就是说作为一个史学工作者，应当有正确的立场、观点和良好的学术素养。

一、史学工作者应当怎样尽到自己的历史责任

任何一个时代的历史学家都有一个时代责任的问题。我们国家改革开放已经20多年了，取得了大踏步的前进，这在中国历史上是空前的。但是各位如果冷静地看一看，就会发现现在的问题也不少。为什么邓小平同志说要韬光养晦？为什么江泽民、胡锦涛同志说要居安思危，要有忧患意识？道理就在这里。我们要正视存在的问题。我们虽然建国已经56年，取得了很大的成绩，但是有很多目标还没有达到。苏联建国70多年，国家照样变色，这对于我们来说就是一个教训。因此，我们面临着一个如何保证社会主义制度不变、人民民主专政的体

制不变，如何保持国家的长治久安的问题。这是最近若干年来党中央关注的一个大问题，也是党中央给我们哲学社会科学工作者提出的一个大课题。今天我们无论研究任何课题，脑子里绝不要忘记这个根本的题目。我认为史学工作者一定要为国家的长治久安去进行研究，这是史学工作者的时代责任，也是我们应有的立场。为了实现国家的长治久安，现在党中央提出了科学发展观、构建社会主义和谐社会、建设社会主义新农村、以人为本等命题。这些都是从改革开放以来的实际出发，继承和发扬中华民族的优良传统，借鉴国际共产主义的经验和教训而提出来的，也是我们哲学社会科学工作者尤其是史学工作者需要深入研究的重大问题。2005 年春夏之交，我们社科院社会学所的两位同志到中南海和中央政治局的同志一起学习时，胡锦涛同志就提出了研究中国古代的社会建设的任务。这个任务，我们历史研究所要承担。现在，国家社科基金也把和谐社会问题、中国古代的社会建设问题、“三农”问题等作为重大的理论课题来招标。如何在构建社会主义和谐社会中发挥史学工作者的作用，这是当前历史研究工作中应当高度重视的一个问题。这个问题我们搞古代史研究的学人都相当关注，搞当代史研究的学人就更应该关注了。

我听说在当代中国研究所做研究工作的同志，除了历史系毕业的外，还有其他各个专业的。我打个不恰当的比方，社科院类似于过去的翰林院，翰林院是储才之地，但是翰林未必都能进入国史馆。在封建时代能够参加修国史，那是很了不起的事。各位在这里修国史，是无上光荣的事情。所以我很羡慕你们。明清两代为修国史争议的问题很多，那些经验很值得好好总结。能在国史馆为修国史效力，肩上的责任很大，应该和党中央保持高度一致，应该研究如何构建社会主义和谐社会这样的重大问题。

中华民族有五千年的文明史，把优良传统传下去，史学工作者也有义不容辞的责任。世界上几个古老文明为什么只有中华文明能不间断地传下来？一个很重要的原因就是中华文明具有自成体系的史书，有五千年一以贯之的史学传统。史书就是中华文明得以传承的一个重要载体，因此，史学工作者可以说是中华文明的重要传承者。我们应当把工作做好，用我们编纂的史书把中华文明的优秀传统传承下去。

这些年我和出版界的同志联系较多，新闻出版总署也经常让我参加他们的一些座谈会、讨论会。最近十多年来，我们国家的书越出越多了，到书店里去看，确实是琳琅满目，装帧设计也越来越好。从形式上看差不多和国际接轨了，但质量上有没有和国际接轨却是一个大问题。我在书店往往花费几个小时去找书，找不到几本值得买的书。这是一个很严酷的现实。书很多，但是真正有分量的力作太少。我听有关同志说，现在我们每年出版的书比美国还多，但是废品也多，真正能传之后世的太少。有关部门的同志说，今后的出版方针是改变追求当出版大国的方向，争取成为出版强国，多出有分量的好书。这给我们从事历史研究的学人提出了一个更高的要求，就是要拿出对得起国家、对得起人民的精品力作来，而不要做粗制滥造的东西。我一年能写一两篇好的文章就满足了。我在历史所这几年，从不提量的要求，你一年哪怕只写一篇文章，也不管在哪里发表，只要有质量就好，年终总结时就讲这篇文章。现在一些地方规定一年一定要写多少篇文章，还规定要在什么核心期刊、国家级刊物发表，这是不科学的。应该踏踏实实，潜下心来，先把论文写好。专题研究积累到了一定程度，再写专著。

二、一个史学工作者应当具备什么样的理论素养

历史研究必须坚持以马克思主义唯物史观为指导，这是史学工作者加强自己素养的必然途径。有的人发表文章批评唯物史观，认为唯物史观存在重大缺陷，要用自己的观点去发展马克思主义的历史观，影响是很坏的。也有人把斯大林妖魔化，把新中国史学工作者为之奋斗了几十年和几代人的马克思主义的科学理论体系，一概说成是“联共（布）党史教程的体系”。其实质在于通过抹杀斯大林来全盘否定苏联的社会主义制度，通过全盘否定斯大林和苏联的社会主义制度，否定马克思主义唯物史观的科学指导地位。对此，我们必须旗帜鲜明地反对，毫不含糊地在史学工作者中倡导运用马克思主义的立场、观点和方法来研究和解决历史问题，不能让否定马克思主义唯物史观的思潮蔓延。

作为马克思主义经典作家观察人类社会的发展历程而建立的社会经济形态学说，我们是一定要坚持的。诚然，对于人类社会的发展绝不能用一个简单的公式来套，因为不是任何一个国家、任何一个民族都要一个不漏地经历从原始社会、奴隶社会、封建社会到资本主义社会和社会主义社会的过程，但是，我们在观察社会问题的时候，一定不要忘记考察那个时代的社会经济形态。现在史学界有人否定五种社会经济形态的区分，

从表面上看是在讲学术问题，实质上是要否定马克思主义经典作家提出的社会经济形态学说。马克思主义经典作家的社会经济形态学说，最终的归结点是社会主义制度一定要代替资本主义制度，认为这是不以人的主观意志为转移的客观规律。而否认社会经济形态学说的要害，就是要否认社会主义制度取代资本主义制度的历史必然性，这是问题的症结所在。因此，马克思主义的社会经济形态学说是我们必须坚守的一块阵地，绝对不能放弃。如果我们从这个阵地上退缩一步，马克思主义的唯物史观就要被人家攻破。

下面我举一些有共性的能和大家交流的例子，请大家看看究竟是唯心史观能揭示历史的真相，还是唯物史观能揭示历史的真相。

第一个例子是目前在出版界和学术界比较热的余英时先生的例子。余英时先生是一位令人尊敬的学者，学贯中西。余先生是钱穆先生的高足，是钱先生到新亚以后培养出来的第一位高材生。余先生有一部很有名的书叫《清代思想史的新解释》，在书中提出了一个很有价值的见解，叫“内在理路说”，是研究学术史的人公认的创见。新中国成立后，大陆一度受“左”的影响，在研究中往往把历史问题简单化，没有深入到学术发展的内在逻辑中去寻找历史发展的线索，往往只分析一些外在的原因。余先生深入到学术发展的内在逻辑当中去揭示问题，这是他的一个贡献。但是，余先生因为对唯物史观成见太深，对共产党成见太深，因此蓄意不讲社会存在对社会意识的影响，不讲学术发展受客观社会环境制约这个基本的道理。而他的老师钱穆先生在《中国近三百年学术史》里却提出“学术流变，与时消息"，就是说学术的发展演变是和时代步伐吻合的。这是一个很好的主张，是和马克思主义唯物史观不谋而合，可以产生共鸣的。余先生蓄意不讲这个主张，只讲"内在理路"，结果很多问题说不通，无法做出准确的解释。我认为，谈思想，谈学术，一定要把思想史和社会史结合起来。我建议今后修当代史，写当代中国学术的发展，不仅要借鉴余英时先生提出的"内在理路说"，要在内在逻辑上下工夫，而且一定要坚持马克思主义唯物史观提出的社会存在决定社会意识的基本观点，从主观和客观两方面来分析建国以来学术发展的脉络，正确总结历史的经验和教训。

第二个例子是20世纪80年代中期在我国学术史和思想史研究中出现的一个引起不少学者关注的事情。这是由历史博物馆一位老先生在《文物》杂志上公布早年毛主席送给该馆收藏的王夫之亲笔写的一篇《双鹤瑞舞赋》而引起的。这篇赋在王夫之诗文集中没有，是王夫之的手迹，很有文物价值和学术价值。历史博物馆的这位老先生很值得人尊敬，学问很大，尤其是对古董的鉴识很有眼光。当然，他也有失误，在王夫之的这篇赋的鉴识上，这位老先生就失误了。王夫之这篇赋写的是"赋赠安远大将军"，这位老先生没有花工夫认真检索历史文献，就把安远大将军判断为是康熙十三年清政府派到湖南前线剿平吴三桂叛乱的将军尚善。王夫之在赋中说了很多恭维大将军的话，如果这篇赋真是写给清政府的前线总指挥的，那王夫之的民族气节就大成问题了。对王夫之的评价就要重新做了。我们都知道，王夫之是很有民族气节的思想家、学问家。这篇赋一公布，在学术界引起很大的反响。一些搞哲学史的学者就跟着这位老先生的判断，为王夫之重新做了年表，重新写了很多关于评价王夫之民族观和气节的文章。这成为当时王夫之研究、清史研究中的一件大事。作为一个史学工作者，首先要把历史的真相弄清楚，要用我们创造性的劳动把历史的真相原原本本揭示出来。我读王夫之的书很多年，没有发现王夫之晚年在民族气节上有失节的现象和可能，也没有发现王夫之与清朝的高级将领有往来的事情。于是我就花工夫读这篇赋，结果从赋前边的序中看到，王夫之赋赠的这位大将军，不是赴湖南前线，而是在广西桂林。因为赋里说得很清楚，“望秀峰，梦漓水”，而秀峰、漓水指的都是桂林。我沿着这个线索继续寻找史料，终于恍然大悟。原来，和清朝派到湖南平叛的安远大将军同时的还有一位安远大将军，这就是驻扎在桂林参与吴三桂叛乱的孙延龄。他举起叛清的旗帜后，自封为安远大将军。我通过若干历史文献的考证，用事实来说话，恢复了历史的真相，总算得到学术界的认可。在王夫之研究中出现的这个起伏已经过去了，我举这个例子是要说明研究历史必须充分占有资料，通过对历史文献的考证弄清问题，只有这样才能做到实事求是。我们搞历史研究的，看问题一定要从长远看，把名利看得淡一些。南开大学的郑天挺先生曾经跟我说，要牢记历史学的特点，做到字字有根据，句句有来历。郑老还说，历史发展错综复杂，不能简单化，要广泛联系前后左右、上下四方。这些话使我终身受益。

我们研究历史人物的时候，会遇到很多干扰。作为史学工作者，坚持实事求是的原则应当是一个基本的要求。但是，在历史人物研究中，如果其后人还在，就是一个很棘手的问题。

我看研究当代中国史更是如此，因为有些老同志或他们的子女还在，如何记录和评价他们经历的历史，就很可能成为问题。现在修家谱、修族谱很盛行，尤其是沿海地区。这是个很值得注意的现象。我们写当代史，宣扬什么，反对什么，要在取舍之中看出我们的观点。我举评价历史人物的例子，就是为了说明我们坚持实事求是的态度，绝不能够为一些不良倾向所左右。现在有一种现象我很反感，就是有些人认为自己手上有几个钱，就可以曲解历史，篡改历史，这是很值得我们注意的。现在史学界有些人喜欢做翻案文章，还有人为吴三桂翻案。我认为吴三桂是个铁案，绝对不能翻，否则就没有是非了，就没有民族气节了。

还有一个例子。最近十年来，我们做乾嘉学派的研究，这是社科院的重大项目。我个人先做了很多年，后来我们研究所的年轻学人又加进来一起做了五年。经过将近十年的努力，课题已经做完了，前期成果《乾嘉学术编年》已经出版。为什么要花那么多年的工夫做《乾嘉学术编年》？这缘于我的一个很深的学术体会。1992 年，我第一次应邀到台湾访问，参加台湾“中央研究院”的学术讨论会，提交的论文叫《乾嘉学派吴皖分野说商榷》。以往学术界认为乾嘉学派分为吴派和皖派，过去我也是这么认为的。随着自己研究的深入，我觉得这样的看法还可以进一步讨论。在 20 世纪 80 年代后期，我逐渐形成了乾嘉学派不能够用吴、皖两派来简单划分的看法，认为应该把它们看成一个历史过程来研究。因此，我写了这篇文章到台湾出席讨论会。会上对我的发言没有什么大的反映，但是会后不久，“中央研究院”文哲研究所召开了全岛研究这个问题的学人的会议，随即把乾嘉学派的研究项目用所谓“国科会”的名义立项，由政府给了大量资助进行研究。十多年来，他们不间断地出了很多成果，而我们这边因为没有人来领头，虽然人才济济，但是不能形成合力，没有出什么成果。自从两岸沟通后，双方学术界互相之间也产生了影响，其中既有好的影响，也有坏的影响。我们这边一些人把历史问题简单化、不在历史文献上下工夫的坏风气就影响了对方，结果在乾嘉学派研究当中就妨碍了研究的深入。正是有感于此，我在1999年参加台湾第七届清代学术研讨会的时候提出，要重视乾嘉学术文献的整理和研究。我呼吁两岸的学人联起手来进一步开展这方面的工作。从那以后，我把研究所的几位年轻学人集合在一起，做《乾嘉学术编年》。我们爬梳了数百种文献，我还把整个道光以前的实录全部通读一遍，把其中关于学术史的资料找出来，然后把乾嘉时代学人的论著按人做出编年，把不同学者的资料汇集在一起，就成了这么一部卷帙比较大的《乾嘉学术编年》。为什么要做这个编年？一方面是要在学术界倡导一种从文献出发、实事求是、严谨务实的研究风气；另一方面是想通过我们艰苦的劳动来解决乾嘉学派研究中存在的问题；还有一个想法是通过自己的努力，通过和年轻学人一起劳动为研究所培养年轻的学术骨干。这部书从出版到现在，还没有见到学术界的批评。当然，我估计随着时间的推移，会有学人来批评它。我是希望有很多学人来批评，订补《乾嘉学术编年》，因为，乾嘉时代的学术文献浩如烟海，仅靠我们几个同志花这几年工夫，是远远不能做完的。我真诚希望有兴趣的学人帮我们来订补它，使它有朝一日能够再版，做成更加完善的东西。

三、“博学于文，行己有耻”

下面，我再讲讲关于“博学于文，行己有耻”的问题。这也是一个学风建设的问题，是我一生的追求。这十多年来，有感于学术界和社会的风气，我把这种追求公开讲出来。现在学术界的一些风气很不好，急功近利，急于求成，对有益的古训更是早已置之脑后。孔子在讲“为学”时曾讲到要“博学于文”，这里的“文”，不是简单的指书本知识，而是指整个人文，是我们学人的学术素养。史学工作者最要讲素养，因为历史学科是讲求积累的学问，如果积累不到一定的程度，是不能取得发言权的。现在有些人浅尝辄止，急于发表文章，而且由于科研手段先进了，电脑上什么都有，写文章可以从电脑上下载，东拼西凑，很容易就能搞成一篇洋洋洒洒数千字上万字的文章。我认为这样做学问不是好办法。历史学是积累的学问，还是要多读书，要养成一天不读书就难受的习惯。

除了要贯彻孔子“博学于文”的教诲，还要做到“行己有耻”，就是说要知道什么是耻辱。什么事情该做，什么事情不该做，自己脑子里要十分清楚才行。现在有些人拿了洋人的钱，就公然在国外讲坛上骂自己的老祖宗，诋毁中华民族的优良传统。有些共产党员拿了人家的钱，在人家那边游览一趟，回来也替人家说好话。这里面原因很多，但和一些学人不注意自身素养，忘记“行己有耻”的古训不无关系。在一些人眼里，似乎没有钱就不成其为人了，就办不成事了。我们过去没有课题费，不是照样可以做出学问来吗？现在有的课题，钱越多越靠不住。因此，我们不仅要“博学于文”，而且要“行己有耻”。学人要律己，应当树立一个做人的原则，就是什么事情对国家民族有利就要做，对国家民族不利就不要做。江泽民同志在2002年到中国社会科学院来视察，提出要把做人、做学问、做事情连在一起。这个主张我最赞成。我今天特别强调孔子的“博学于文，行己有耻”八个字，以及江泽民同志的要把做人、做学问、做事情三者合在一起的话，目的在于同大家共勉。

JING YONGLI
旌勇里国史讲座
GUO SHI JIANG ZUO

马克思主义实践观点是唯物史观的基石

主讲：陈筠泉

作者简介

陈筠泉

1959年7月苏联莫斯科大学哲学系毕业。中国社会科学院哲学研究所研究员，中国社会科学院荣誉学部委员。1983～1990年任哲学研究所副所长，1991～1998年任该所所长。1982～1989年任《哲学研究》杂志副主编，1990～2003年任该杂志主编。1998～2004年任中国社会科学院学术委员会委员、副秘书长，2005～2007年任学术咨询委员会委员、副秘书长。1991年至今任全国哲学社会科学“八五”、“九五”、“十五”、“十一五”哲学学科规划组副组长。从1991年10月起，享受国务院“政府特殊津贴”。主要研究领域是马克思主义哲学、科学方法论、文化哲学和苏俄哲学等，主要论著有《陈筠泉文集》、《关于社会财富的创造及其分配问题》（论文）、《历史观与文明发展战略》（论文）、《历史观、真理观、价值观》（主编）、《哲学与文化》（主编）、《科技革命和当代社会》（主编）、《邓小平理论的哲学基础》（主编）等。

马克思主义哲学作为一种科学的世界观，同时也是反映社会历史发展规律的科学历史观。学习马克思主义哲学，首先是要学好唯物主义历史观。只有从马克思主义实践观点出发。才能正确理解和把握唯物史观中真理观和价值观的统一的原理，为我们认识当前社会发展和社会主义现代化建设提供方法论基础。

一、唯物史观是马克思的两大发现之一

恩格斯于《在马克思墓前的讲话》（1883）中指出：马克思一生中有两个重大发现，一个是对唯物主义历史观的发现，另一个是对剩余价值的发现。唯物史观的发现，为马克思的政治经济学研究提供了科学方法论，为他剖析资本主义生产关系和揭露剩余价值的秘密提供了科学的理论基础。剩余价值学说是马克思政治经济学理论的基石。由于唯物史观和剩余价值学说这两大发现，社会主义就由空想变成了科学。唯物主义历史观是马克思主义政治经济学和科学社会主义的理论基础。

马克思和恩格斯在《德意志意识形态》这一著作中，第一次阐明了唯物主义历史观的基本特征。在《政治经济学批判》（1859 年）的序言中，马克思又精辟地表述了唯物主义历史观的实质。但正如列宁所指出，只有从马克思的《资本论》问世的时候起，唯物主义历史观才真正成为“关于社会的科学”。唯物主义历史观的发现，是马克思在哲学史上实现的伟大的变革。当然，随着社会实践和人类历史的发展，唯物主义历史观

同整个马克思主义一样，需要不断地加以丰富和发展。

发现唯物主义历史观，或者更确切地说，把唯物主义贯彻和推广运用于社会现象领域，消除了以往的历史理论的两个主要缺点。第一，以往的历史理论只限于考察人类活动的思想动机，而没有研究这些动机是由什么引起的，没有探索人类社会发展的客观规律；第二，以往的历史理论只研究杰出的个人在历史上的作用，而看不到历史的真正创造者人民群众的作用。

马克思主义的唯物史观是唯物论和辩证法的统一，它不仅同唯心史观划清了界限，而且还与旧唯物主义的机械的历史观根本不同。这种机械的历史观把社会历史规律看成“与组成社会的人毫无关系”的神秘的东西，看成是永恒不变的“先于人们的生动活跃的生活而存在”的东西。[①] 而实际上，社会历史发展规律是在人们的历史活动中形成，并通过人们的历史活动而实现的客观必然联系。

唯物史观运用辩证的方法去研究社会历史发展的客观规律和这些规律在人们历史活动中实现的形式。它认为，一切规律（包括社会规律在内）都是本质的必然的联系，但是它们又是作为多种可能的趋势而存在的。既然客观上存在多种可能的发展趋势，于是，就产生了一个历史活动主体的选择问题。就是说，人们不仅要认识和服从社会历史发展规律；而且还要进行合理的价值选择，以实现自己的理想和目的。

马克思不仅发现了唯物史观，实现了哲学历史观的根本变革；而且他还第一个将这种新的历史观应用于历史研究，并取

① 《马克思恩格斯全集》第4卷，人民出版社1958年版，第128、149页。

得了辉煌的成果。

在马克思的许多历史著作中，就运用唯物史观来研究“当前活的历史”而言，最具典型意义的应属《1848 年至 1850 年的法兰西阶级斗争》、《路易·波拿巴的雾月十八日》和《法兰西内战》这三部历史著作。马克思本人说过，“当历史学家从政治形式的外表深入到社会生活的深处时”，才能取得真正的进步和成就。这三部历史著作都表现出了马克思的这种卓越的才能。

在《路易·波拿巴的雾月十八日》这一著作中，马克思所直接分析的是 1848 ~ 1951 年法国革命和路易·波拿巴 1851 年 12 月 2 日发动的政变。后一事件晴天霹雳般地震惊了整个欧洲政界。维克多·雨果把事变看作只是一个人的暴力行为，对政变的主要发动人作一些尖刻的和机智的痛骂。蒲鲁东想把政变描述成以往历史发展的必然结果，但他只是貌似公正而已，实际上不知不觉地变成了对政变的主人公作历史辩护。总之，“所有的人对它都只是感到惊异，而没有一个人理解它”。

然而，对于掌握了理解社会历史的钥匙，早就以冷静的科学目光洞察法国阶级斗争的马克思来说，这个时期政治舞台上演出的每一幕，都不是意外的。在他看来，是法国阶级斗争合乎逻辑地“造成了一种条件和局势，使得一个平庸而可笑的人物有可能扮演了英雄的角色”，迫使法国人民“接受他独揽国家大权的事实”。一个拥有三千六百万人口的伟大民族，竟蒙受了有史以来罕见的奇耻大辱。但必须承认，这是“先前的事变进程的必然而不可避免的结果”。

关于《路易·波拿巴的雾月十八日》这一著作，恩格斯曾多次向人们推荐，给予了极高的评价。他在该书的第三版

（1885 年）序言中指出：马克思“对当前的活的历史的这种卓越的理解，他在事变刚刚发生时就对事变有这种透彻的洞察”，“就能正确地把握住这些事变的性质、意义及其必然后果”。这的确是无与伦比的。波拿巴政变“这幅图画描绘得如此精妙，以致后来每一次新的揭露，都只是提供出新的证据，证明这幅图画是多么忠实地反映了现实”。

因此，在马克思主义经典著作的学习中，只有把马克思直接阐述哲学原理的著作同他实际运用和检验哲学原理的著作结合起来学习、研究，才有可能深刻理解这个原理同现实生活之间的实在联系，从而做到：具体而不是抽象、透彻而不是教条式地把握这个原理，并善于运用这个原理来解决各种重大理论问题和现实问题。

二、为什么把实践观点当作唯物史观的基石

长期以来，人们把实践仅仅看作是辩证唯物主义认识论的一个范畴，这种看法显然是很片面的，因为实践也是历史唯物主义的一个重要范畴。人同世界的关系是一种以人的实践活动为基础而构成的、并通过人的实践活动而深化发展的关系，即“历史”的关系。历史唯物主义正是以实践观点为基础来研究这种历史关系的。因此，我们必须承认，实践是马克思主义哲学的一个最基本范畴，正因为有了实践这个范畴，辩证唯物主义和历史唯物主义才联结成为一个完整统一的哲学理论体系。

马克思主义的实践观点是唯物史观的基石。马克思和恩格斯把唯物史观与唯心史观的根本分歧，归结为是“从物质实践

出发来解释观念”还是“从观念出发解释实践”的对立。他们指出：“这种历史观和唯心主义历史观不同，它不是在每个时代中寻找某种范畴，而是始终站在现实历史的基础上，不是从观念出发解释实践，而从物质实践出发来解释观念形成。”① 这里所说的“从物质实践出发来解释观念”，也就是从直接生活的物质生产出发阐述现实的生产过程，把同这种生产方式相联系的、它所产生的交往方式理解为整个历史的基础，同时由此出发阐明各种政治上层建筑和社会意识形式，如宗教、哲学、道德等等，而且追溯和研究它们产生的过程。

我们认为，遵循这条正确的思想路线，就能把历史上实在的和实际起作用的关系，同这些关系在人们观念中的复杂的反映清楚地区分开来，从而找到真正的历史动因和规律性，并在此基础上对于历史过程中的观念覆盖物做出科学的解释。如果从相反的思想路线出发，那么人们就可能不知不觉地坠入云雾之中，被形形色色的观念覆盖物所迷惑，深入不到社会生活的深处，弄不清楚真正的历史动因和各个不同层次的复杂的社会关系。

既然马克思主义的实践观点是唯物史观的基石，那么我们对于马克思主义的实践观点，就应有一个较为透彻的理解。

任何实践活动，都必须以一定的主体和一定的客体这两极的存在为前提。客体是从外部自然界中“划分”出来的对象，或者是多少已经加工过的自然物。主体是人，但这种作为主体的人，不是那种纯粹自然的人，而是社会的人。马克思叫做“作为历史前提的人”。实践就是这样的人作为主体和客体相互

① 《马克思恩格斯选集》第1卷，人民出版社1995年版，第92页。

作用的过程。

从实践活动的结构来看，实践的基本要素是目的、手段和结果。这三者各自都具有双重的属性，即主体性和客体性。

（1）实践不同于纯粹自然界发生的过程，是一种有意识、有目的的活动。

对于一个具体的实践过程来说，人的活动总是以确立一定的目的为起点的，因此目的是实践的第一基本要素。

目的作为观念形态的东西，不是主观自生的或某种神秘力量赋予的。目的的提出是以对客体的本质和规律的某种程度的认识为根据的；目的同时又是意识到的主体的需要，体现着客体属性与主体需要之间的本质联系。

实践的目的总是指向未来的，它通过计划、方案等等引导、调节和控制作用于对象的主体活动，使对象发生符合于主体需要的形式变化。目的是观念的东西，即存在于主体头脑中的未来的结果；目的的实现就是将观念的东西转化为现实的东西。

（2）手段是实践的第二个基本要素。实践的手段是主客体相互作用的中介环节，包括物质手段和观念手段。

观念手段是主体观念地把握客体的（经验成规的或科学理论的）某种方式：物质手段是主体作用于客体的物质工具（过去的实践改造、加工过的客体）及其使用方式。这种工具及其使用方式是确立目的和实现目的之间的中介，即实现目的的手段。因此，工具就不仅是认识和改造外部对象的手段，而且也是主体自我改造的手段。

（3）实践手段具有双重功能：既改造客体又改造主体。因而，实践的第三个基本要素——结果，包括客体和主体两个方面的变化；客体按照主体的需要被改变形态，主体的素质也因这种变革活动而得到提高，或因消费了活动成果而产生新的需要，形成新的实践目的、引发新一轮的实践活动等等，使实践活动循环往复地、永无止境地继续下去。

这里，重要的是，不要把实践的结果仅仅理解为某一种产品的制成或某一工程的结束、某一运动的具体任务的实现等等，而忽略了实践对作为主体的人本身所发生的作用和影响。必须认识到，实践的结果具有双重的涵义，即人们“在改造环境的同时也改造着自己”。

实践水平的提高从根本上说，是取决于实践的第二基本要素——手段的变革，包括物质手段和观念手段的变革，尤其是通过技术上的发明对工具的改进。在实践的要素中，手段是最活跃的、能动的。所以说，一部实践活动的发展史，归根到底就是实践手段的变革史。

如上所述，人类的实践活动由于其基本要素——目的、手段和结果——所各自具有的二重属性而具有既改造外部环境，又通过环境的改造而改造人的本身的双重作用。为了更加透彻地说明实践的这种作用，还需要对实践中形成和发展的主客体关系作进一步的分析。

三、实践中的主客体关系

实践中的主客体关系，就是在物质生产起决定作用的前提下，主体和客体（人和自然、人与人）之间的物质变换关系、意识关系或观念关系、价值关系的相互制约、互为媒介而形成的一个复杂的系统。

（一）物质变换关系

实践首先是一个客观物质过程。这种客观物质过程与自然界在无人参与的条件下发生的自发的客观物质过程不同，是一个有意识、有目的、受意志支配的过程。但实践的这个特征并没有使它失去其客观物质性而成为纯粹观念的过程。这种客观物质性首先突出体现在物质生产劳动中。我们只要分析一下物质生产劳动，就能清楚地认识到这一点。

马克思说：物质生产劳动首先是人通过自身的活动来引起、调节和控制人和自然之间的物质变换过程。在这个过程中，人作为一种物质的自然力，使用物质的工具即已被人所控制和利用的自然力，作用于外部对象即外部自然力。从这个意义来说，劳动首先是不同性质的物质力量相互作用的过程。

不论劳动过程的结果如何，都是一个服从物理的、化学的或生物的等等自然规律的过程。劳动作为物质过程所固有的这种自然规律性，不是人所能创造出来的，而是在人类出现以前就已经存在于自然界之中了。应当认识到，人不能创造和废除规律，但可以认识和利用规律。人们在认识规律的基础上，可以利用规律来达到自己的目的。

人类劳动实践之所以具有创造性的功能，不仅在于它是服从自然规律的过程，还在于它是一个社会过程，是在社会交往中实现的过程，因而又是一个服从社会规律的过程。不管人们是否已经意识到这些规律，在劳动中都必须服从这些规律，否则就达不到自己的目的。

应当认识到，社会交往作为一种物质过程，是人与人之间所发生的社会物质变换过程。马克思说过，商品的价值关系中没有一个物质原子，但这种关系确是客观实在的关系。这就是历史唯物论中的“物”的特点。劳动中人与自然之间的物质变换，只有在人与人之间的社会物质变换过程中才能实现。

（二）意识关系或观念关系

我们强调实践活动的客观物质性，强调实践中主客体之间（包括人与自然和人与人之间）的关系是物质变换关系，以及这种关系对于整个人类活动的基础地位和决定作用，但并不因此而否认它又是一个有意识的过程，可以说，这个物质过程是以人与环境以及人与人之间的意识关系或者观念关系为媒介的。主客体之间的意识关系是实践基本关系的另一个重要的、必不可少的方面。

过去曾经流行过一种简单化的理解，把主客体之间的意识的或观念的关系归结为单纯的认识关系。当然，认识对于实践、对于社会和人本身的发展具有不可忽视的重大意义。我们常说，人比动物的高明之处就在于人能利用客观规律为自己服务，而要自觉利用规律，就必须认识规律。但是，意识和认识是两个不同的范畴。意识不仅是认识，它还包括意志和情感。因此，不能把意识关系仅仅局限于认识关系。

承认非理性因素（意志、情感）在理性认识中的作用，不等于就是非理性主义；只有从根本上否定理性认识的作用，才是非理性主义。哲学被称为智慧之学。真正的哲学作为人类智慧的集中体现，并非纯粹的知识体系，它还要在科学的认识基础上，为人们提供理想、信仰和价值导向。

（三）价值关系

按照唯心主义的传统，价值是主观的东西，是由情感或主观欲望决定的东西，因此不需要区分价值观念和价值本身。我们认为，必须把价值观念同价值本身明确地区别开来。价值观念是主体对客体的评价，是客观现实的一种反映，是属于意识关系的一个重要方面；而价值本身，即主体与客体间的价值关系，具有不以人的意志为转移的客观性。

关于什么是价值，国内外已有诸多不同的定义，但总的倾向是从客体属性同主体需要的关系来界定价值。

问题是如何理解人的需要。任何时代的人，都有衣、食、住、行等基本的生活需要。即使原始时代，这种基本需要已经不同于生物的自然本能的需要。所以马克思说："我们的需要和享受是社会生产的，因此，我们对于需要和享受是以社会的尺度，而不是以满足它们的物品去衡量的。"

就是说，自然本能的需要和以社会为尺度的需要是不同的。需要的客观性，是社会意义上的客观性。动物可以靠现成的对象来满足自己的需要。人的需要只有通过改造和扬弃对象的现成状态才得以满足。列宁《哲学笔记》中有一句名言："世界不会满足人，人决心以自己的行动来改变世界。"

价值关系作为一种社会的客观关系，具有调节社会生活的功能，是实践能动性的深刻根源。它在实践过程中规定着人们的活动方向，决定着被称为"价值取向"的观念模式。

这样，主、客体之间的物质变换关系、意识关系和价值关系三者互为媒介，形成实践的完整意义上的主客体关系体系。

四、真理观和价值观的统一

马克思主义哲学把人们认识和服从客观规律与实现自己的目的和价值看作是统一的社会历史活动，看作是主体和客体在实践中的相互作用的辩证统一过程。它认为，只有从实践观点出发，才能理解和把握唯物史观中真理观和价值观统一的原理，从而为科学认识社会提供方法论基础。

要正确理解和把握真理观和价值观的统一，必须先搞清楚理性和价值这两个概念以及它们之间的相互关系问题。所谓理性因素，简单说来，就是人类在认识和实践活动中揭示、把握并运用客观事物的本质和规律的能力。所谓价值因素，概括地说，就是人类凭借理性的力量，把客观对象固有的属性和规律转化为满足自己需要的手段，实现自己的目的、目标。

科学理性和价值因素在人类知识体系中，表现为事实判断和价值判断两种形式。我们通常所说的“真”和“假”，便是事实判断，这是从人的认识是否正确反映外界事物及其本质来讲的；而我们通常所说的“好”与“坏”、“利”与“弊”，则是价值判断，这是从外界事物是否满足我们人的需要的角度来讲的。由此可见，事实判断和价值判断是两类性质不同的判断。

但同时还必须看到，事实判断和价值判断之间有着不可分割的联系。一方面，价值判断要以一定的科学认识为基础；另一方面，对事实的科学认识不能完全脱离价值取向。一种知识体系不仅应当从真假、本质非本质、概然确实等纯粹认识论的角度来加以考察，而且还应当从这种知识体系在社会上能起什么作用，带来什么实际结果，它能满足人们何种物质的和精神的需求等价值的角度来进行评价。

将近三十年前，我国哲学界发生过关于“衡量实践成败的标准是什么”的争论。有人提出，既然应当用实践的成败来检验人们的认识的真理性，那么用什么来衡量实践的成败呢？争论的一方认为，实践的目的是衡量实践成败的标准。另一方则认为，目的是主观的东西，用目的来衡量实践的成败，是用主观的东西来检验客观的东西，这样就会导致唯心论，最终否定实践是检验真理的标准。这场争论实际上触及到了一个极为重要、争论双方都没有明确意识到的问题，即价值评价活动的客观基础和尺度问题。因为衡量实践的成败，属于价值评价的范畴。问题的实质在于，价值尺度或标准是客观的还是主观的。这就涉及到真理观和价值观能否统一的问题。

马克思主义的真理观和价值观是统一的，两者统一于实践之中。列宁在《再论工会、目前局势及托洛茨基和布哈林的错误》一文中，给实践下过一个经典性的定义。他说：必须把人的全部实践，作为真理（即思想正确与否）的标准，“也作为事物同人所需要它的那一点的联系的实际确定者”，包括到事物的完整的“定义”中。[1] 这里，“也作为事物同人所需要它的那一点的联系的实际确定者”，就是事物同人之间的价值关系的实际确定者。前面已经说过，价值关系就是客体的属性与主体的需要之间的关系。这种关系，只有在实践中才能实际地

① 《列宁选集》第4卷，人民出版社1995年版，第419页。

被确定。所以说，实践也是价值关系的实际确定者。这就意味着，实践不仅是检验真理的标准，也是衡量价值判断是否合理的客观尺度。

毛泽东同志历来强调从“一切从客观实际出发”；同时也一再强调从“最广大人民群众的最大利益出发”。邓小平同志一方面强调“实事求是”、“一切从实际出发”，另一方面又时刻关注广大人民群众的利益和愿望。他自觉地把“人民拥护不拥护”、“人民高兴不高兴”、“人民答应不答应”作为想问题、办事情、作决策的根本出发点。其实，毛泽东同志和邓小平同志强调的这两个出发点之间的关系，从哲学上来讲，也就是真理观和价值观的关系问题，根据唯物史观正确地认识二者之间的关系，应该是实事求是的思想路线的精神实质。

五、唯物史观是我们进行研究工作的指南

唯物史观是我们进行社会科学和国史研究的指南。我们在恩格斯的关于历史唯物主义的通信中可以看到，对当年的许多德国青年理论家来说，“唯物主义”这个词往往只是一个套语，把它当作标签贴到各种事物上去，就以为问题解决了，再不去做进一步的研究。于是，恩格斯就告诫他们说：“我们的历史观首先是进行研究工作的指南，并不是按照黑格尔学派的方式构造体系的诀窍。”①

当时的德国青年理论家只是用历史唯物主义的套语来把自

① 《马克思恩格斯选集》第4卷，人民出版社1995年版，第692页。

己的相当贫乏的历史知识尽快构成体系，就自以为非常了不起了。针对德国青年理论家的这种毛病，恩格斯特别强调指出：即使只是在一个历史事例上发展唯物主义观点，也是一项要求多年冷静钻研的科学工作。显然，在这里说空话是无济于事的，只有靠大量的、批判审查过的、充分地掌握了的历史资料，才能解决这样的任务。

因此，“必须重新研究全部历史，必须详细研究各种社会形态存在的条件，然后设法从这些条件中找出相应的政治、私法、美学、哲学、宗教等等的观点。在这方面，到现在为止只做了很少一点工作，因为只有很少人认真地这样做过”。恩格斯认为，上述各个领域无限广阔，“谁肯认真地工作，谁就能做出许多成绩，就能超群出众”。① 这就是马克思主义不断创新的理论品格，也是我们从事社会科学和国史研究需要发扬的精神。

马克思恩格斯逝世以来人类社会所发生的种种变化，从不同的角度、以不同的方式证明了唯物史观基本原理的科学性、正确性。同时，我们还应当看到，人类社会在20世纪中所发生的变化，其剧烈和深刻的程度，超出了前人的想象，各种变化目前还在不断加快和扩展，21世纪将继续成为人类社会发生大变化的世纪。这就要求我们及时地、敏锐地认识到各种新变化，正确地分析人类社会发展过程中出现的新现象、新问题，及时地总结人类社会发展过程中显示出来的新特点、新规律，在完整准确地理解唯物史观基本原理的基础上，进一步丰富和发展马克思主义的唯物史观。

---

① 《马克思恩格斯选集》第4卷，人民出版社1995年版，第692页。

JING YONG LI
旌勇里国史讲座
GUO SHI JIANG ZUO

真理、信念与历史研究
——兼说什么是规律

主讲：庞卓恒

作者简介

庞卓恒

天津师范大学历史与发展研究所所长，教授，博士生导师；北京师范大学史学理论及史学史研究中心学术委员会委员，东北师范大学古典文明史研究中心学术委员会委员，美国休斯顿大学亚美研究中心客座教授；中国世界古代中世纪史研究会副理事长、中国史学会史学理论分会副会长、中华炎黄文化研究会名誉理事、《历史教学》编委会副主任等。研究方向为，中世纪史、史学理论、比较史学（历史文化比较和现代化比较）、历史哲学与科学哲学和历史学与经济学、发展学、文化人类学的跨学科研究。

主要著作：《比较史学》、《人的发展与历史发展》、《历史学概论》、《西方新史学述评》、《唯物史观与历史科学》等。

我今天讲“真理、信念与历史研究”这样的题目，好像有点不合时宜了，或者说有点“土”了。因为近年来后现代主义思潮非常时兴，一些年轻朋友，即使没有读过后现代大师们的原著，也从耳闻中得知并且相信，世间没有什么真理，只有各种各样的“文本”、“话语”、“主体意识”等。而且那些“文本”、“话语”、“主体意识”……本身的含义也是多种多样的，模糊不清的，而且是瞬息万变的，对它们的解读，也永远是因人而异的。既然如此，还有什么真理可言呢？至于历史，那就更不用说了，它本身就是一去不复返的古人往事，历史学家只能凭自己的主体意识对那些古人往事留下的片断遗迹的含义进行自以为是的解读，然后像小说家一样，运用自己的想象力，把许多互不相连的片断情节连贯起来，构造出一个有头有尾的故事。这样当然就更无真理可言了。

没有真理可言，自然也就没有信念可言了。那还能相信什么呢？只能相信自己的感觉了，只能“跟着感觉走”了。

在这样的真理虚无论和信念虚无论的时髦观念面前，我承认我的观念是“土”的，因为我还要坚持，世间是有真理的，人是应该相信真理的，为追求和实践真理而生活，这样的人生才是有价值的。

为什么我相信世间是有真理的呢？要回答这个问题，首先需要从根本上弄清楚什么是真理。因为对“什么是真理”的一切似是而非的回答，最终都会导致否认世间有真理。相反，如果彻底弄清楚了什么是真理，你就一定会相信，人世间和整个宇宙万物万事都是有真理可寻的。例如，有一位研究历史哲学的朋友曾经问到，人们说在真理面前多走出半步就会陷入谬误，可是谁能指出真理在什么位置呢？比如北极，我们明确知道它在什么位置，我们就明确知道，离开那个位置就不是北极了。可是在社会历史领域，谁能指出真理在什么位置呢？我想，我们如果弄清了什么是真理，也就弄清了它在我们的认识领域处在什么“方位”，那位朋友的疑问也就有可能得到解决了。

因此，我就从“什么是真理”说起。不过，这里我要首先作一点说明，就是，我说的可能跟同志们、朋友们见过或听过的有关什么是真理的说法有所不同，甚至很不相同。我在这里毫无保留地说出来，目的不是为了把我的一管之见当作绝对真理来要求大家认可，而是为了向大家讨教、求教，请求大家和我一起来探讨究竟什么是真理。

有一件使我吃惊的事，就是，当我带着这个问题向《大英百科全书》讨教时，发现它竟没有设这个条目，看来它是认为这个问题根本就无法回答。

我向《微软大百科辞海》（*Microsoft Encarta Reference Library*, 2005）讨教，它倒是设立了“真理”（truth）这个条目，作者是美国伊利诺斯大学主管科学事务的副校长助理、哲学系教授多罗西·格罗弗（Dorothy Grove）博士。他说道：“真理是一个哲学概念，既指词语含义的真实，又指我们用以判断口头和书面陈述的真假的标准。几千年来，哲学家们力图对‘什么是真理’的问题做出回答。他们对此提出了四种主要的理论，即：与事实相符（correspondence）即真理论、有用

(pragmatic)即真理论、普遍一致(coherence)即真理论和'压缩的'(deflationary)真理论”。但这四种真理定义中的任何一种都不能令人信服。如第一种定义，认为与事实“相符”的认识就是真理，从柏拉图到罗素都赞成这种说法，可是他们自己也承认这并不是一种令人满意的说法，因为不能由此确定什么不是真理。而且什么是“事实”，怎样算是“相符”，都难以定出统一的界定标准。例如说凡天鹅皆白，或者说凡乌鸦皆黑，是不是至少在大多数情况下与事实“相符”呢？是否算得上真理呢？至于“有用即真理”的实用主义定义，就更难服人了。例如巧妙的盗窃技术对盗贼是有用的，那算得上是真理吗？第三种定义，认为具有普遍的一致性或放之四海而皆有效的信仰，就是真理，这是一个不错的定义，但是什么样的认识或论断才能放之四海而皆准呢？很难找到答案。至于第四种界说，即“压缩的真理论”(deflationary theory of truth)实际上是从根本上否定真理这个概念的意义，因为它只承认诸如“那本书确是蓝色的”，或“他说的大多是真话”之类的陈述有点“真理”的价值。

总之，在非马克思主义的文献中，我们最多只能找到关于“什么是真理”的一些似是而非的答案，也正因为那些答案都是似是而非的，很难经得住“拷问”，最终导致许多人根本否定真理的存在。

在我国的严肃论著中，对什么是真理一般都做出了明确的界说。如《辞海》称：“真理”是“对客观事物及其规律的正确反映。同谬误相对。……‘判定认识或理论之是否真理，不是依主观上觉得如何而定，而是依客观上社会实践的结果如何而定'"①。《中国大百科全书》哲学卷“真理”条目作者陈中立称，真理是“与谬误对立的认识论范畴，指认识主体对存在于意识之外、并且不以意识为转移的客观实在的规律性的正确反映”。这些界说或定义的突出特点是，把真理确定为认识主体对客观事物的“规律”或“规律性”的正确反映，同前面引述的《微软大百科辞海》关于“真理”的种种界说相比，显然是非常明确的。说它非常明确，是因为它毫不含糊地指明了“真理”在我们的认识领域所处的“方位”：是人们的主体认识对客观事物的“规律”或“规律性”的正确反映。

但是接着就产生了一个更难说清楚的问题：什么是“规律”或“规律性”呢？正是在这个问题上，我们在众多的中外学者的论作中都很难找到明确而令人信服的答案。

例如，《微软大百科辞海》的“科学规律”（scientific law）条目界说道：“在科学中，科学的规律指的是被认为普遍适用的原理。规律（例如波义耳定律和牛顿运动定律）构成了物理科学的基本构架，因此一个定律被科学界否定的情况极为罕见。有时一个定律可能被修改，例如爱因斯坦证明，牛顿的运动定律对于接近光速运动的物体是不实用的。”按这样的界说，科学规律仅存在于自然科学之中，而且就是指波义耳定律和牛顿运动定律或爱因斯坦的 $E=mc^2$ 那样的定律，它们的共同特点是，其有效性都是由实物试验或“理想实验”的结果来证明和支撑的，在社会历史学科中根本不可能做那样的实验，因此也就不可能确立自然科学那样的规律。这在西方学者中间是获

① 《毛泽东选集》第1卷，人民出版社1968年版，第261页。

得广泛共识的看法。

《大英百科全书》，它未设“科学规律”条目，但设了一含义相近的“自然界的规律”（law of nature）这样一个条目。它说道：“自然规律有两种基本的形态。其一，普遍性的规律，它认定某些特定状况总伴随着另一些条件出现。其二，或然性的规律，它认定在一般情况下显示一种特定状态的某类事件的一个特定部分，也会显示出其他的某种状态……不过，自然界的规律并不具有逻辑的必然性，而是依赖于经验证据而成立。”这也是在西方学者中间获得广泛共识的看法。

《微软大百科辞海》和《大英百科全书》的界说有两个值得注意的共同点：其一，都认定“科学规律”或“自然界的规律”仅仅存在于自然科学即 sciences 之中。[①] 其二，那些定律并不依赖于逻辑的必然性支撑，而主要是依靠直接的实验或经验观察获得的重复出现的经验证据而成立的。这个特点决定了“社会科学”（social sciences）中不可能有那样严格的定律，在“人文学科”（humanities 或 arts）中更不可能确立那样的定律。因为社会科学或所谓的“人文学科”都不可能通过直接实验或实际观察获得那样精确的、重复出现的结果。

那么，中国学者又是怎样的说法呢？

《辞海》说道：“规律亦称法则。事物发展过程中的本质联系和必然趋势。”

《中国大百科全书》说道：“（规律）亦称法则。客观事物

---

① 不过《微软大百科辞海》和《大英百科全书》都提到人类社会中的“自然法则”（natural law，或译为“自然法”）思想，但并不把它们视为科学规律，而只是作为法权观念或伦理观念论述的。

发展过程中的本质联系，具有普遍性的形式。规律和本质是同等程度的概念，都是指事物本身所固有的、深藏于现象背后并决定或支配现象的方面……”

上述两种界说的核心内容都是认定“规律”就是“事物发展过程中的本质联系”。这就引发了一连串使人困惑重重的疑难问题：什么是“本质联系”呢？“本质联系”怎样决定事物的发展演变呢？用什么标准去区分什么是“本质联系”、什么是“非本质联系”呢？……人们用了数不胜数的解说词，来回答这些问题，以达到让人们相信人类的社会历史现象同自然现象一样存在着不依人的意愿为转移的客观规律的目的。但是，事实证明，所有这些解说都未能让人们真正信服。

我确信人类历史确实存在着客观规律，而且是因果必然性的“铁的定律”，而且它那坚硬的“铁”性是我们每个人在日常生活中都能触摸得到的。诸君若不信，就看看自己身边，看看现在二三十岁这一代人，包括我们自己的子女，是不是普遍比父母高了10厘米左右；再想一想，他们比父母身高的原因是不是主要是食物营养充足所致，而食物营养充足的原因是不是改革开放激励了农民生产积极性、解放了农民生产力所致；再看看他们的个性、独立性是不是比父母辈强了许多（当然难免带着自发性和非理性），而那个性、独立性的增强是不是生产力的发展使他们的生存活动空间空前扩大的结果。请问，这一切是不是唯物史观揭示的生产力是决定历史发展的根本动力这一规律的表现？

马克思揭示的历史发展规律，本是非常朴素而明白易懂的真理。它从一个任何人都无法否认的简单事实中发现了解开整个人类历史之谜的钥匙：人类要生存，就必须生产供自己吃、喝、住、穿的物质生活资料；要生产供自己吃、喝、住、穿的物质生活资料，就必须年年月月不断地劳动，而且是社会性的劳动；年年月月不断地进行社会性的劳动，必然促使人们不断地积累改造自然和改善社会交往方式的经验、知识和能力，从而必然要推动自己的生产能力、思维方式、行为方式和社会组织从低级向高级发展。这一环扣一环的“必须”和“必然”，就构成了人类社会从低级向高级发展的因果必然性规律的基本链条。请问，谁能否认其中任何一个链环的真实存在呢？如果有人能够从现实或历史中举出确凿的事实，或者运用严密的逻辑推导，证明其中某一个链环不能成立，我可以放弃我对那个规律的信任。其实，中国谚语“吃一堑，长一智”，就蕴含着人们必然要在克服生产生活困难的实践中增长智慧和能力的真理。谁能否认这样的真理呢？这一规律后来被表述为生产力与生产关系、经济基础与上层建筑的社会基本矛盾运动推动社会发展的规律。从原则上说，那样表述是对的。只是在一些论著的阐释中，出现了把那个规律描绘成离开人们“吃一堑，长一智”的实践活动的、不以任何人的意志为转移的“结构运动”的偏颇，使人们越来越难于理解和接受。但这不是规律的错，而只是阐释的错。

马克思、恩格斯曾经根据他们当时掌握的史学成果，把人类从低级向高级发展的历史过程粗略地划分为几个递进的阶段。这本来是有其合理性的。可是后来一些阐释者把那些阶段划分教条化、公式化，把它们视为一切民族“普遍必经”的阶段，没有经过其中某一阶段的民族就被视为“变异的”或“不合常规的”民族，不顾那些阶段只是唯物史观创始人所做的“大体上”（in broad outline）的勾画。其结果是，当人们拿着那些“阶段标尺”去衡量各民族的具体历史过程时，很难完全对得上号，于是就不再信任那个规律，进而主张抛弃按照社会形态性质划分历史阶段，而单纯按“上古”、“中古”、“近代”、“现代”的“时段顺序”分段叙述历史。这样就可能导致把历史编纂变成一堆史实的堆积，不但使人们不能从中看到历史现象背后的规律，还容易让某些历史写作者凭自己的爱好任意摘取自己偏爱的史事向读者传输诸如“观念决定历史”、“人性决定历史”或“偶然事件决定历史进程”之类的非科学和反科学的历史观，导致科学理性的倒退。

其实，马克思划分的历史阶段，尽管是粗略的，却都是体现着他所发现的人类历史从低级向高级发展的规律的。例如，马克思在《1857—1858年经济学手稿》中所做的人类历史“三大阶段”或“三大形态”的划分①，把小生产和自然经济基础上产生的“家长制的、古代的（以及封建的）状态”全都归入“第一大形态”或“第一大阶段”，其共同特征是小生产和自然经济占主导地位，以及由此决定人们普遍处在不平等的人身依附关系之中，没有独立平等的人格；把人们的生产能力突破小生产和自然经济局限而进入普遍交换剩余产品的市场经济基础上产生的“现代社会”，称为“第二大阶段”或“第二大形态”，其共同特征是人们普遍处在“物的依赖基础上的人的独立性”关系之中，也就是说，人们普遍拥有了独立平等

① 《马克思恩格斯全集》第46卷上，人民出版社1979年版，第104页。

的人格，但享有独立和平等的程度依赖于掌握的“物”（也就是商品、货币）的多少；然后，“建立在个人全面发展和他们共同的社会生产能力成为他们的社会财富这一基础上的自由个性，是第三个阶段”。这里就包含着人类社会从低级向高级发展的因果必然性的“铁的定律”。例如，我们可以从历史上看到，只要生产力还停留在小生产和自然经济占主导地位的状态，人们就必然是普遍处在不平等的人身依附关系之中，那时的人们就决不可能普遍持有“人生而平等”的价值意识，而是普遍接受“人生而不平等”价值意识。中国和西方概莫能外。例如，在古希腊，柏拉图和亚里士多德都肯定把“低等”民族的人掠为奴隶，是天经地义的。柏拉图还认为，即使都是自由的城邦公民，也是因为神用金银铜铁四种不同的材料造就了统治者、军人、农民和工商业者四个地位不同的等级。中世纪的神学家更是倡言人间社会分为高低贵贱不同的等级，就像动植物也有高低等次划分一样，是天经地义的。在上古、中古时期，中国和西欧都出现过主张个人自由独立的声音，但都很短暂而微弱，而且总是受到主流意识形态的压制。直到启蒙时代来临，摆脱自然经济和人身依附关系的束缚，而在商品市场上以平等身份讨价还价的人群大量涌现之时，才出现霍布斯、洛克、卢梭、孟德斯鸠等人站出来大声疾呼“人是生而平等的”。这就是生产力决定生产关系、经济基础决定上层建筑和存在决定意识的因果必然性的“铁的定律”的表现。

就以人们议论最多的“五种生产方式”的划分来说，只要不把它当做“普遍必经”的公式，就是指引我们认识历史从低级向高级发展规律的有用指针。例如，中国虽然没有经历过希腊、罗马那样的奴隶制，但从人身依附强度来看，战国秦汉以前和以后的社会形态确实有明显差别，而且确实能够看出耕牛和铁制农具的应用促进前者向后者转型。这样，我们把前者称为中国特色的“普遍奴隶制”或“宗族奴隶制”社会，后者称为中国特色的封建制社会，或者相应的别的称呼，只要能显示出劳动大众生产能力和与之相应劳动生产方式的发展推动社会从野蛮向文明、从奴役向自由的方向发展的规律性，就是可取的。

在当代，有的人对历史发展规律的怀疑，看来主要是20世纪90年代初苏联和东欧的社会主义制度被资本主义取代这一历史事实引起的。这一历史剧变难免使许多善良的人们对“资本主义必然被社会主义取代”的规律产生怀疑。但是，经过痛定思痛，越来越多的人们已经认识到，苏联和东欧社会主义制度的失败只是一种没有及时进行改革的僵化的社会主义模式的失败，而不是对社会主义必然取代资本主义的历史发展规律的证伪。中国在改革开放中探索出的中国特色的社会主义道路取得的成功，证明了这一点。再从当代资本主义社会的历史性变迁来看，也能看到西方资本主义的发展必将通过自我扬弃而走向根本性变革，最终必然要走向第三大形态的趋势。早在马克思写作《资本论》时，就指出了西方资本主义已开始出现自我扬弃的过程。其具体表现，一是股份公司的发展，一是合作工厂的发展。关于股份制，他指出：“那种本身建立在社会生产方式的基础上并以生产资料和劳动力的社会集中为前提的资本，在这里直接取得了社会资本（即那些直接联合起来的个人的资本）的形式，而与私人资本相对立……这是作为私人财产的资本在资本主义生产方式本身范围内的扬弃。”关于合作制工厂，他指出："工人自己的合作工厂，是在旧形式内对旧形式打开的第一个缺口……"①

一个半世纪后的今天，我们看到的资本主义自我扬弃过程比马克思在世时已经推进得更加深远了。除了合作企业进一步发展外，股份制的发展尤为引人注目。据世界银行统计，在高收入国家，股票市场的资本总额占 GDP 总量的百分比，在 1990 年为 51.6%，2001 年上升到 103.9%②。西方股份制的这种发展态势，虽然没有从根本上改变资本主义的经济性质（马克思把西方股份制企业称为"联合资本家"的企业），但却增强了马克思说的那种"资本社会化"的趋势。而且，千百万普通劳动者成为股东，不仅在一定程度上削弱了资产阶级对资本所有权和剩余劳动支配权的垄断，还使劳动者直接投身到资本主义经济漩涡中去体验其深层的利弊得失，最终有利于广大劳动者认识资本主义的本质，为寻求根本性的变革取得共识。这大概就是马克思把资本主义的股份制称为"资本在转化为生产者的财产所必需的过渡点"③的深层含义吧。

如今，西方资本主义制度的自我扬弃，还出现了一些新的趋势，主要是：

（1）在新的科技革命和"新经济"的生产力突飞猛进的发展推动下，从事非体力劳动的"白领"阶层不但正在成为劳动生产的主要力量，而且正在成为经济和社会管理的主要力量。知识正在代替资本成为首要的生产要素。传统的资本家阶

① 马克思：《资本论》第 3 卷，人民出版社 1975 年版，第 493～498 页。
② World Bank：*World Development Indicators 2003* CD ROM，5.4 Stock Markets。
③ 马克思：《资本论》第 3 卷，人民出版社 1975 年版，第 494 页。

级正在成为恩格斯说的那种“多余的阶级”。

（2）“白领”或“中间阶层”的增长正在引起西方社会结构和阶级关系发生重大变化。其突出表现之一是，衡量贫富差距的基尼系数在当今西方发达国家大都在0.3以下，而当今发展中国家，包括中国，基尼系数多在0.4以上。西方经济学家发现，随着现代化从起飞到高度发展的推进，基尼系数有一个从低到高再到低的过程，即倒U字形走向。他们没有说明出现这种走向的原因。在我看来，根本原因就是随着生产力的发展和白领劳动阶层力量的增长，迫使雇主阶层和政府采取某些缩小贫富差距的政策、措施的结果。在这种情况下，各阶层、阶级之间的流动性空前增强，资本家阶级作为一个拥有实际特权的阶级的稳固性在削弱。

（3）劳动阶级力量的增长迫使西方国家政府不得不实行高额累进所得税，增加社会保障和相应的政府支出。西方一些有识之士正是从这里看到了西方社会走向社会主义的趋势。1998年，《共产党宣言》发表150周年的时候，《华盛顿邮报》发表了一篇文章，题为《卡尔·马克思无形的手》，作者是“美国事业研究所”研究员詹姆斯·格拉斯曼。他写道：“不错，马克思主义——在苏联、阿尔巴尼亚和一些东方国家实行的那种马克思主义——确已不复存在了，但是，马克思的影响力依旧相当大。实际上，包括我们自己的政治制度在内的世界各国的政治制度，都是极其恭维马克思的。”他举例说，《共产党宣言》中提出的征收累进所得税，“也就是美国今天实行的这种所得税”。2000年11月，正当布什和戈尔竞选总统难分胜负之际，诺贝尔经济学奖得主、美国新自由主义代表人物弗里德曼

(Milton Friedman) 向媒体表达了他对美国前途的忧虑，说道，无论布什还是戈尔入主白宫，“美国都会溜向社会主义（creep toward socialism)”，区别只不过是，如果布什掌权，可能溜得慢一点，戈尔掌权，可能溜得快一点。他这样论断的理由是，他们两人都要增加而不是减少政府开支。据他估计，美国实际的政府开支（包括纳税人按政府指令支付的钱，例如政府下令每个车主必须在车上安装一个反污染装置，这笔费用虽然不是由政府收税后支付，但性质与政府收税后支付相同。弗里德曼估计这部分开支在西方国家大约占 GDP 的 10%）已占到 GDP 的 40%。[①] 据世界银行的统计，1973 ~ 2001 年间，加、意、英、美、德、法的政府税收收入占 GDP 的百分比总趋势是不可逆转地增加的，增幅最大达 67%，最少也增加了 13% 以上（见表一）。

表一 加意英美德法政府岁入占 GDP 的百分比变化
(1973 ~ 2001 年)

单位：%

国家＼年份	1973	1983	1993	2001
加拿大	17.0	16.5	18.2	19.3
意大利	23.1	34.5	40.8	38.5
英国	27.7	32.6	31.2	34.3
美国	16.4	16.6	17.2	19.4
德国	21.9	24.0	26.9	26.6
法国	30.2	37.0	36.7	38.9

说明：①资料来源：World Bank: *World Development Indicators 2003* CD ROM。
②“2001”栏中德国和法国的数字实为 1997 年的数字。

---

① *Keeping the Small - Government Faith*, by Reginald Dale, International Herald Tribune, November 17, 2000.

表一中的数字都没有包括弗里德曼所说的纳税人按政府指令支付的钱，如果加上这笔相当于GDP的10%的开支，2001年加、意、英、美、德、法六国政府支配的国民收入占GDP的百分比为30%~50%。

值得注意的是，在政府总岁入中所得税和资本收益税占有很大比重，见表二。

表二　加意英美德法所得税和资本收益税占政府岁入的百分比变化（1973~2001年）

单位：%

国家 \ 年份	1973	1983	1993	2001
加拿大	54.0	48.3	46.7	52.4
意大利	16.6	35.7	38.2	36.2
英国	41.1	39.0	35.8	39.8
美国	57.2	49.9	50.7	55.0
德国	20.5	17.0	14.7	14.6
法国	16.6	17.9	17.5	19.6

说明：①资料来源：World Bank：*World Development Indicators 2003* CD ROM。
②"1973"栏中，加拿大为1974年数字；"2001"栏中，意大利和英国为1999年数字；德国和法国分别为1998年和1997年的数字。

表二中的数字表明，加、意、英、美、德、法六国政府的总岁入中，所得税和资本收益税所占比重，高者达50%以上，低的也占二成左右。这两类税都是按累进制征收的。它们确实具有《共产党宣言》所说的"对所有权和资产阶级生产关系实行强制性的干涉"[①]的意义。

还有一个值得注意的现象是，社会保障税在政府岁入中所占比重很大，见表三。

① 《马克思恩格斯选集》第1卷，人民出版社1995年版，第293页。

表三 加意英美德法社保税占政府岁入的百分比变化

（1973～2001年）

单位：%

国家＼年份	1973	1983	1993	2001
加拿大	8.8	14.1	20.2	21.2
意大利	39.2	33.1	30.0	30.2
英国	17.0	17.0	17.5	17.0
美国	25.0	31.3	34.2	33.1
德国	47.6	55.1	47.0	47.8
法国	38.2	41.7	44.7	41.7

说明：①资料来源：World Bank：*World Development Indicators 2003* CD ROM。

②"1973"栏中加拿大为1974年数字；"2001"栏中意大利和英国为1999年数字，德国和法国分别为1998年和1997年的数字。

表三的数字表明，社会保障税在加、意、英、美、德、法六国政府总岁入中所占比重，高的达四五成，低的也在二成左右。

把表一、表二和表三合起来看，可以清楚地看到，私人资本对国民收入和剩余劳动的支配权力已被大大削弱，政府的支配权力却大为增长。不能否认，当今西方国家的政府仍然是资产阶级占统治地位的政府。它对国民收入和剩余劳动的支配权，代表着资产阶级的集体支配权。但与此同时，我们也应看到，随着生产力的增长和与之相应的劳动阶级力量的增长，劳动阶级向资产阶级对国民收入和剩余劳动的垄断支配权发起了愈来愈强有力的挑战。这突出表现在每次大选中，"增税"还是"减税"，增加社会保障还是减少社会保障，都成为保守党和社会党之间或所谓"中左"或"中右"政党之间的竞争焦点，其中既包含着统治阶级内部不同利益集团之间争夺国民收入与剩余劳动份额的斗争，也包含着劳动阶级与资产阶级之间争夺国民收入与剩余劳动份额的斗争。总的趋势显示，劳动阶级争得的份额在逐步增加，资产阶级对国民收入和剩余劳动的支配权在逐步削弱。我想，这应该是当代西方资本主义自我扬弃的一个重要表现。

由此可见，当今西方发达国家经济和社会的发展不是资本主义生命力的表现，恰恰是资本主义被扬弃过程中焕发出来的生命力的表现。推动资本主义自我扬弃的根本力量，是体力和脑力劳动大众推动的生产力的发展和自身物质与精神力量的发展。可见，当代西方发达国家经济和社会的发展不但没有“证伪”资本主义必然被社会主义、共产主义取代的规律，反而在不断证实着这个规律的真实存在。

由此可见，我们应该坚持用马克思揭示的历史发展规律的理论指导历史研究，这样才能使历史学成为真正的科学。

一些学者担心，运用历史发展规律的理论指导历史研究，就会使历史研究者成为证实理论的工具，使历史著述成为千篇一律的“经典”注释，失去绚丽多姿的丰富性和生动性。我不这样看。正像物理学家和化学家遵循物理学和化学的基本原理和定律进行研究从来不会使他们的研究成果失去丰富性和生动性一样，历史学家在唯物史观揭示的基本原理和规律的指引下进行真正的科学研究，而不是“注经”式的扒疏，就永远不会使历史著述失去绚丽多姿的丰富性和生动性。

例如，唯物史观虽然指出了从低级向高级发展的规律的统一性，但是各个民族的发展道路和模式总是千差万别的；虽然处在同一个历史阶段上的社会的基本特征总是一致的，但各个民族的生产生活方式、思维方式和行为方式都总是带有自己的民族特色。无论从统一性中展示出多样性，还是从多样性中揭示出统一性，都可能写出丰姿多彩而又富有理性启发力的作品。

人类历史虽然总的轨迹是从低级向高级发展，但各民族的发展历程都不是笔直的，而是充满曲折的，充满了兴衰存亡的考验和起伏跌宕的震撼。尤其是中外历史上那些先进变落后、落后变先进的文明轨迹，对于历史思考者永远具有磁石般的吸引力。

且让我们看一位当今世界知名的英国经济学家和经济史家安格斯·麦迪森（Angus Maddison）绘制的一幅图表，它展示了公元400～1998年中国与西欧人均GDP增长变化的轨迹：

中国与西欧人均GDP水平的比较
（400～1998年）

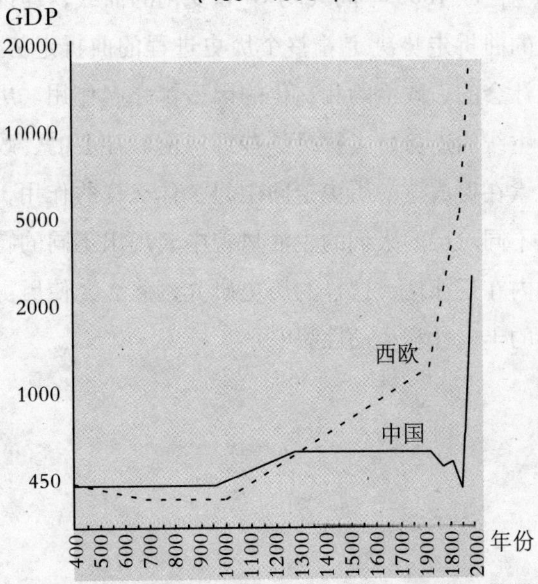

说明：纵轴刻度为对数标准。引自安格斯·麦迪森：《世界经济千年史》，北京大学出版社2003年版，第30页。

麦迪森提供的统计图表显示，中国人均GDP直到13世纪末以前都高于西欧，落后于西欧的转折点发生在13世纪末和14世纪初。也正是从那时开始，中国的人均GDP明显地从有所上升转向了长达五个多世纪的停滞，最后陷入长达两个半世纪的大幅度下降，陷入落后的深渊，以至沦为西方列强争相控制的半殖民地，直到1949年新中国建立，才开始扭转乾坤，明显地走上了高速回升的历程。特别是1949～1950年那个转折点，鲜明地表现了“革命解放生产力”这个因果必然性规律。其后虽然有60年代的上下波动，但总的趋势是近乎直线的上升，改革开放以后尤其明显。麦迪森绝不是一位马克思主义的经济史学家，但他依据自己的统计数据描绘出来的那两条反映中国与西欧1600年间人均GDP变化的曲线，却证实了生产力发展的曲折走势决定着整个历史进程的曲折走势。其间，经济的、社会的、政治的和文化的因素都在起作用。历史学家循着这条主线的走势，去探寻哪些经济的、社会的、政治的和文化的因素在促成这一历史走向中起了什么样的作用，怎样在不同时代不同阶层的人们的生活风貌中表现出不同的特色，找出其中的内在规律性，这样的历史研究，怎么会使历史失去它多姿多彩的丰富性和生动性呢？

JING YONG LI
旌勇里国史讲座
GUO SHI JIANG ZUO

论良史工文

主讲：田居俭

作者简介

田居俭

当代中国研究所研究员、学术委员会顾问，中国史学会理事，中华人民共和国史学会常务理事。研究方向为史学理论和中国历史。

主要研究成果有专著《李煜传》(吉林文史出版社、当代中国出版社、国际文化出版公司)、《乱世风云——五代十国卷》、史学论文集《春泥集》。主编《中华人民共和国史编年·1949》，参与主编《中华人民共和国史百科全书》(该书副主编之一)、《中华人民共和国史稿·序卷》(该书副主编之一)。另有论文多篇，其中《论学史》获“五个一工程”奖。

清代桐城派散文之集大成者姚鼐，在致友人秦小岘的信中指出：“天下学问之事，有义理、词章、考证三者之分，异趋而同为不可废。”① 在《述庵文钞序》中又指出：“余尝论学问之事，有三端焉：曰义理也，考证也，文章也。是三者苟善用之，则皆足以相济；苟不善用之，则或至于相害。”②姚氏强调义理、考据、词章相济，说明词章（或文章）在治学中具有举足轻重的作用。清代史学家章学诚对此说加以引申：“夫史所载者事也，事必藉文而传，故良史莫不工文。”“史之赖于文也，犹衣之需乎采，食之需乎味也。”③ 其意是说，史以载事，史以文传，有作为的史学家没有不花力气“工文”的。

本文就“良史工文”这一命题略陈管见，与当今的史学同行切磋、共勉。

一、学习马克思主义创始人的文笔

迄今为止，史学界仍存在一个认识误区，即史学论著必须正襟危坐，不苟言笑，似乎只有板着面孔进行说教，才能显示学问的严肃和高深。实际并非如此。马克思主义创始人的历史著作就别开生面。他们的文笔朴素自然，简洁流畅，清新活

---

① 《惜抱轩文集》卷六。
② 《惜抱轩文集》卷四。
③ 《文史通义·史德》。

泼，引人入胜。既可作为理论经典研读，又可作为史学经典研读，还可作为美文经典研读，在接受其理论启迪的同时，感悟其文采的魅力。

马克思和恩格斯不是职业历史学家，却胜过职业历史学家。他们自青年时代起就对历史情有独钟。他们研究 19 世纪世界历史特别是德国和法国历史的创获，使当时的历史学家望尘莫及。他们的历史著作得以超越时空，不胫而走，重要原因之一就是：他们拥有一副好文笔。套用中国一句古语并反其意而用之，则是：言之有文，行而必远。

《路易·波拿巴的雾月十八日》，是马克思通过 1848 年以来“法国历史的全部进程的内在联系”，检验他发现的唯物史观的“辉煌的成果”（恩格斯语），也是他阐述无产阶级革命和无产阶级专政特别是无产阶级国家学说的经典文献。在这部名著中，马克思淋漓尽致地剖析了路易·波拿巴步其叔父拿破仑第一的后尘，演出“皇袍加身”的闹剧，内容丰富，文采斐然。开头就独出心裁，语妙天下，且与结尾巧妙呼应，珠联璧合：“黑格尔在某个地方说过，一切伟大的世界历史事变和人物，可以说都出现两次。他忘记补充一点：第一次是作为悲剧出现，第二次是作为笑剧出现。”“如果皇袍终于落在路易·波拿巴身上，那么拿破仑的铜像就将从旺多姆圆柱顶上倒塌下来。”①

马克思在该书第二版序言中写道：他研究这一课题的目

① 《马克思恩格斯选集》第 1 卷，人民出版社 1995 年版，第 584、688～689 页。

的，是要证明“法国阶级斗争怎样造成了一种局势和条件，使得一个平庸而可笑的人物有可能扮演了英雄的角色”。[1] 他对这个论断的阐释，坚持逻辑思维与形象思维相辅相成，用逻辑思维深化形象思维，再用形象思维丰富逻辑思维，通过抽象推理与形象叙述的有机结合，准确、生动地揭示出路易·波拿巴颠覆民主共和、复辟封建帝制的深层次原因。

马克思指出：站在波拿巴背后的，是法国社会中人口最多的小农阶级。这个阶级固有的生产方式和生活方式，决定了他们势单力薄又彼此隔离，无力也无法主宰自己的命运，于是便把希望寄托在他人身上，坐等救世主的庇护和赐予。路易·波拿巴正是利用小农阶级这个致命弱点，实现其“皇袍加身”的政治野心的。

这种深刻的理论分析，是通过优美的文笔来表述的：“小农人数众多，他们的生活条件相同，但是彼此间并没有发生多种多样的关系。他们的生产方式不是使他们互相交往，而是使他们互相隔离。这种隔离状态由于法国的交通不便和农民的贫困而更为加强了。他们进行生产的地盘，即小块土地，不容许在耕作时进行分工、应用科学，因而也就没有多种多样的发展，没有各种不同的才能，没有丰富的社会关系。每一个农户差不多都是自给自足的，都是直接生产自己的大部分消费品，因而他们取得生活资料多半是靠与自然交换，而不是靠与社会交往。一小块土地、一个农民和一个家庭；旁边是另一小块土地、另一个农民

---

① 《马克思恩格斯选集》第1卷，人民出版社1995年第2版，第580页。

和另一个家庭。一批这样的单位就形成一个村子；一批这样的村子就形成一个省。这样，法国国民的广大群众，便是由一些同名数简单相加形成的，好像一袋马铃薯是由袋中的一个个马铃薯所集成的那样。数百万家庭的经济生活条件使他们的生活方式、利益和教育程度与其他阶级的生活方式、利益和教育程度各不相同并互相敌对，就这一点而言，他们是一个阶级。而各个小农彼此间只存在地域的联系，他们利益的同一性并不使他们彼此间形成共同关系，形成全国性的联系，形成政治组织，就这一点而言，他们又不是一个阶级。因此，他们不能以自己的名义来保护自己的阶级利益，无论是通过议会或通过国民公会。他们不能代表自己，一定要别人来代表他们。他们的代表一定要同时是他们的主宰，是高高地站在他们上面的权威，是不受限制的政府权力，这种权力保护他们不受其他阶级侵犯，并从上面赐给他们雨水和阳光。”“历史传统在法国农民中间造成了一种迷信。以为一个名叫拿破仑的人将会把一切美好的东西送还他们。”在对法国小农阶级透彻分析的基础上，马克思进一步指出法国小农阶级的实质：“波拿巴王朝所代表的不是革命的农民，而是保守的农民；不是力求摆脱其社会生存条件即小块土地的农民，而是想巩固这种条件的农民；不是力求联合城市并以自己的力量去推翻旧制度的农村居民，而相反，是愚蠢地拘守这个旧制度，期待帝国的幽灵来拯救自己和自己的小块土地并赐给自己以特权地位的农村居民。波拿巴王朝所代表的不是农民的开化，而是农民的迷信；不是农民的理智，而是农民的偏见；不是农民的未来，而是农民的过去；不是农民的现代的塞文，而是农民的现在的旺代。”①

《资本论》是政治经济学经典，也是西方资本主义经济史经典。在第一卷中，马克思从分析“资本主义财富的元素形式”——商品入手，环环相扣，步步深入，揭示出劳动二重性、价值、货币、剩余价值、资本以及资本原始积累、分配和流通等科学内涵，特别是“被物的关系所掩盖”的社会成员间的生产关系，以及资本主义社会经济形态的运动规律，资本主义必然为社会主义取代的历史趋势。如此博大精深的理论建树，仍是通过深入浅出、雅俗共赏的表述来完成的。

譬如，马克思以犀利的笔锋，入木三分地揭露和鞭挞了资本在原始积累过程中的血腥和暴虐：“美洲金银产地的发现，土著居民的被剿灭、被奴役和被埋葬于矿井，对东印度开始进行的征服和掠夺，非洲变成商业性地猎获黑人的场所：这一切标志着资本主义生产时代的曙光。这些田园诗式的过程是原始积累的主要因素。”同时猛烈抨击资本在这一过程中对劳动者的野蛮剥夺：“要使资本主义生产方式的‘永恒的自然规律’充分表现出来，要完成劳动者同劳动条件的分离过程，要在一极使社会的生产资料和生活资料转化为资本，在另一极使人民群众转化为雇佣工人，转化为自由的‘劳动贫民’这一现代历史的杰作，就需要经受这种苦难。如果按照奥日埃的说法，货

① 《马克思恩格斯选集》第 1 卷，人民出版社 1995 年版，第 677～678 页。塞文系法国南部良基多克省一个山区，1702～1705 年在此地爆发过农民起义；旺代是法国西部一个山区，1793 年贵族和僧侣曾在此地唆使农民发动叛乱，反对法国大革命。

币‘来到世间，在一边脸上带着天生的血斑’，那么，资本来到世间，从头到脚，每个毛孔都滴着血和肮脏的东西。”耐人寻味的是，马克思在这个结论下面引用的一段拟人化注释，文字也极其俏皮，与他的论断相得益彰：“资本逃避动乱和纷争，它的本性是胆怯的。这是真的，但还不是全部真理。资本害怕没有利润或利润太少，就像自然界害怕真空一样。一旦有适当的利润，资本就大胆起来。如果有10%的利润，它就保证到处被使用；有20%的利润，它就活跃起来；有50%的利润，它就铤而走险；为了100%的利润，它就敢践踏一切人间法律；有300%的利润，它就敢犯任何罪行，甚至冒绞首的危险。如果动乱和纷争能带来利润，它就会鼓动动乱和纷争。走私和贩卖奴隶就是证明。”① 再譬如，马克思用冷峻、痛楚的笔调，揭露资本对劳动力压榨的虚伪和野蛮时指出：“让我们同货币占有者和劳动力占有者一道，离开这个嘈杂的、表面的、有目共睹的领域，跟随他们两人进入门上挂着‘非公莫入’牌子的隐蔽的生产场所吧！在那里，不仅可以看到资本是怎样进行生产的，还可以看到资本本身是怎样被生产出来的。赚钱的秘密最后一定会暴露出来。劳动力的买和卖是在流通领域或商品交换领域的界限以内进行的，这个领域确实是天赋人权的真正乐园。”然而，一旦离开这个简单流通领域和商品交换领域，人们就会看到，“原来的货币占有者作为资本家，昂首前行；劳动力占有者作为他的工人，尾随于后。一个笑容满面，雄心勃勃；一个战战兢兢，畏缩不前，像在市场上出卖了自己的皮一

① 《马克思恩格斯选集》第2卷，人民出版社1995年版，第265、266页。

样，只有一个前途——让人家来鞣”。在科学预见资本对劳动者剥夺将引起的严重后果时，则以充满希望的乐观笔调高歌：随着“贫困、压迫、奴役、退化和剥削程度不断加深，而日益壮大的、由资本主义生产过程本身的机制所训练、联合和组织起来的工人阶级的反抗也在增长。资本的垄断成了与这种垄断一起并在这种垄断之下繁盛起来的生产方式的桎梏。生产资料的集中与劳动的社会化，达到了同它们的资本主义外壳不能相容的地步。这个外壳就要被炸毁了。资本主义私有制的丧钟就要响了。剥夺者就要被剥夺了。”①

恩格斯是马克思志同道合的战友，也是他著书立说的文友。二人自合著《德意志意识形态》以来，在共建马克思主义科学体系的漫长岁月中，形成了难分彼此的写作风格。

他的《家庭、私有制和国家的起源》是阐释家庭的起源与发展，私有制与阶级的出现，国家产生的原因与实质，国家的前途与命运的理论力作。全书质文俱佳，论断精辟，文笔优美。

譬如，对国家产生原因的表述：“氏族制度是从那种没有任何内部对立的社会中生长出来的，而且只适合于这种社会。除了舆论以外，它没有任何强制手段。但是现在产生了这样一个社会，它由于自己的全部经济生活条件而必然分裂为自由民和奴隶，进行剥削的富人和被剥削的穷人，而这个社会不仅再也不能调和这种对立，反而必然使这些对立日益尖锐化。一个

① 《马克思恩格斯选集》第 2 卷，人民出版社 1995 年版，第 175 ~ 176、268 ~ 269 页。

这样的社会，只能或者存在于这些阶级相互间连续不断的公开斗争中，或者存在于第三种力量的统治下，这第三种力量似乎站在相互斗争着的各个阶级之上，压制他们的公开的冲突，顶多容许阶级斗争在经济领域内以所谓合法形式决出结果来。氏族制度已经过时了。它被分工及其后果即社会之分裂为阶级所炸毁。它被国家代替了。”

又譬如，对私有制如何改变氏族对外战争性质并促使氏族社会瓦解的表述：“邻人的财富刺激了各民族的贪欲，在这些民族那里，获取财富已成为最重要的生活目的之一。他们是野蛮人：掠夺在他们看来比劳动获得更容易甚至更光荣。以前打仗只是为了对侵犯进行报复，或者是为了扩大已经感到不够的领土；现在打仗，则纯粹是为了掠夺，战争成了经常性的行当。在新的设防城市的周围屹立着高峻的墙壁并非无故：它们的深壕宽堑成了氏族制度的墓穴，而它们的城楼已经高耸入文明时代了。”

再譬如，对国家的前途与命运的表述：“国家不是从来就有的。曾经有过不需要国家、而且根本不知国家和国家权力为何物的社会。在经济发展到一定阶段而必然使社会分裂为阶级时，国家就由于这种分裂而成为必要了。现在我们正以迅速的步伐走向这样的发展阶段，在这个阶段上，这些阶级的存在不仅不再必要，而且成了生产的真正障碍。阶级不可避免地要消失，正如它们从前不可避免地产生一样。随着阶级的消失，国家也不可避免地要消失。在生产者自由平等的联合体的基础上按新方式来组织生产的社会，将把全部国家机器放到它应该去的地方，即放到古物陈列馆去，同纺车和青铜斧陈列在一起。”①

《反杜林论》是恩格斯系统总结马克思主义自19世纪40年代产生至70年代中期的成就，深入阐述科学社会主义学说史的扛鼎之作，全书的理论亮点与文字表述相映成趣。

譬如，《引论》对法国大革命前资产阶级思想解放运动的描述，简直是神来之笔：“在法国为行将到来的革命启发过人们头脑的那些伟大人物，本身都是非常革命的。他们不承认任何外界的权威，不管这种权威是什么样的。宗教、自然观、社会、国家制度，一切都受到了最无情的批判；一切都必须在理性的法庭面前为自己的存在作辩护或者放弃存在的权利。思维着的知性成了衡量一切的唯一尺度。那时，如黑格尔所说的，是世界用头立地的时代。最初，这句话的意思是：人的头脑以及通过头脑的思维发现的原理，要求成为人类的一切活动和社会结合的基础；后来这句话又有了更广泛的含义：同这些原理相矛盾的现实，实际上从上到下都被颠倒了。以往的一切社会形式和国家形式、一切传统观念，都被当作不合理的东西扔到垃圾堆里去了；到现在为止，世界所遵循的只是一些成见；过去的一切只值得怜悯和鄙视。只是现在阳光才照射出来。”②

马克思主义创始人的精彩文笔，远不止如上的举例。他们的其他历史著作，如马克思的《1848年至1850年法兰西阶级斗争》、《法兰西内战》、《不列颠在印度的统治》、《不列颠在印度统治的未来结果》等，恩格斯的《英国工人阶级状况》、

---

① 《马克思恩格斯选集》第4卷，人民出版社1995年版，第169、164、174页。

② 《马克思恩格斯选集》第3卷，人民出版社1995年版，第355~356页。

《德国农民战争》、《德国的革命与反革命》等，以及他们论史的书信，都是史学美文经典。

学习马克思主义创始人的文笔，要善于从他们的经典性表述中发现和掌握他们"炼意"和"炼字"的功夫。譬如，马克思和恩格斯在《共产党宣言》中关于封建社会主义的批判：为了激起同情，贵族们不得不装模作样，似乎他们已经不关心自身的利益，只是为了被剥削的工人阶级的利益才去写对资产阶级的控诉书。他们用来发泄的手段是：唱唱诅咒他们的新统治者的歌，并向他们叽叽咕咕地说一些或多或少凶险的预言。这样就产生了封建社会主义，半是挽歌，半是谤文，半是过去的回音，半是未来的恫吓；它有时也能用辛辣、俏皮而尖刻的评论刺中资产阶级的心，但是它由于完全不能理解现代历史的进程而总是令人感到可笑。为了拉拢人民，贵族们把无产阶级的乞食袋当作旗帜挥舞。但是，每当人民跟着他们走的时候，都发现他们的臀部带有旧的封建纹章，于是就哈哈大笑，一哄而散。①

又譬如，马克思在《政治经济学批判〈序言〉》中关于宗教的论述："人创造了宗教，而不是宗教创造人。就是说，宗教是还没有获得自身或已经再度丧失自身的人的自我意识和自我感觉。但是，人不是抽象的蛰居于世界之外的存在物。人就是人的世界，就是国家、社会。这个国家、这个社会产生了宗教，一切颠倒的世界意识，因为它们就是颠倒的世界。""宗教里的苦难既是现实的苦难的表现，又是对这种现实的苦难的抗

① 《马克思恩格斯选集》第1卷，人民出版社1995年版，第295～296页。

议。宗教是被压迫生灵的叹息，是无情世界的心境，正像它是无精神活力的制度的精神一样。宗教是人民的鸦片。"① 如此等等，不胜枚举。

二、学习中国"史学之父"司马迁的文笔

古往今来，喜读司马迁《史记》的人数不胜数。不管是业内的，还是业外的；不论是老年，还是青年；只要展卷披览，都会爱不释手。原因何在？司马迁剪裁史料匠心独运，运笔撰文出神入化。如唐朝史学家张守节所言："笔削冠于史籍"，"善序事，辩而不华，质而不俚"。②

众所周知，司马迁是中国"通古今之变"的"史学之父"，是纪传体史书的开创者，还是当代人治当代史的先行者。唐朝史学家刘知几强调：《史记》"虽叙三千年事，其间详备者，唯汉兴七十余载而已"。③"汉兴七十余载"，正是司马迁生活和活动的当代。有学者具体考证，《史记》共130篇，其中完全写西汉史的51篇，重点写西汉史的15篇，再加上含西汉史内容的有关篇章，当代史占全书半数以上的篇幅。④ 司马迁撰史的特点是，善于从"天下遗文古事靡不毕集于太史公"⑤ 的史料中"择其言尤雅者"⑥，以典型史料支撑文章立

① 《马克思恩格斯选集》第1卷，人民出版社1995年版，第1~2页。
② 《史记正义》序。
③ 《史通·杂说上》。
④ 施丁：《司马迁写当代史》，《历史研究》1979年第7期。
⑤ 《史记·太史公自序》，本文所引《史记》各篇均据中华书局点校本。
⑥ 《史记·五帝本纪》。

意，将论断融于史料之中，夹叙夹议（叙为史料，议为论断）。明清之际史学家顾炎武独具只眼，发人所未发："古人作史，有不待论断而于序事之中即见其指者，惟太史公能之。""后人知此法者，鲜矣!"①

翦伯赞在《论司马迁的历史学》一文中高度评价司马迁的文笔说："两千年来，读《史记》未有不盛赞司马迁之文章者；诚然，司马迁的文章真是气势蓬勃，既沉重而又飞舞。"同时，高度评价他精于选择史料，量体裁衣。诸如"撰伯夷，则录其《西山之歌》，以显其气节；撰孔、孟，则录其言语，以显其大道；撰老、庄，则录其著作，以显其学派；撰屈、贾，则录其辞赋，以显其文章；撰儒林，则录其师承，以显其渊源；撰管、晏，则录其政绩，以显其文治；撰田单、乐毅，则录其战伐，以显其武功；撰张、苏，则录其游说，以显其纵横；撰货殖，则录其财产，以显其富厚；撰刺客，则录其敢死，以显其慷慨；撰游侠，则录其重诺，以显其侠义；撰滑稽，则录其笑谑，以显其讽刺；撰佞幸，则录其卖身投靠，以显其下流无耻。总之，他对每一个纪传的人物，都能够抓住他的特点，阐扬他的特点，使这个被纪传的人物，跃然纸上，萧疏欲动。例如他写刺客，不但从纸上飘起慷慨悲歌之声，简直是匕首当前，鲜血射面。像以上所述，就是司马迁的文章之所以成为千古的绝调。"② 鲁迅在《汉文学史纲要》中誉《史记》为"史家之绝唱，无韵之《离骚》"。③ 笔者理解，"史家之绝唱"，指

① 《日知录》卷二六。
② 《翦伯赞史学论文选集》第2辑，人民出版社1990年版，第117页。
③ 《鲁迅全集》第9卷，人民文学出版社1981年版，第420页。

的是史学经典；“无韵之《离骚》”，指的是美文经典。

这里，不妨先从《史记》中掂出两例，试析司马迁剪裁史料的匠心和挥洒自如的文笔。

《陈丞相世家》主要是写西汉第三任丞相陈平治国理政的才能，突出他乱世能“出奇计，救纷纠之难，振国家之患”；治世能“上佐天子理阴阳，顺四时，下育万物之宜，外镇抚夷诸侯，内亲附百姓，使卿大夫各得任其职”。为了衬托陈平的超凡政绩，开头写了一桩意味深长的往事：“里中社，平为宰，分肉食甚均。父老曰：‘善，陈孺子是为宰。’平曰：‘嗟乎，使平得宰天下，亦如是肉矣！’”一个区区小吏，尽心为社区乡亲分肉，父老夸他公平称职，他漫不经心地回答：“平得宰天下，亦如是肉。”这里着墨不多，只凭一个情节和一句对白，就小中见大，为陈平日后成就相业做了坚实的铺垫。

《李斯列传》是写患得患失的李斯悲惨的人生。“闾巷布衣”出身的李斯，“年少时，为郡小吏，见厕中鼠食不洁，近人犬，数惊恐之。斯入仓，观仓中鼠，食积粟，居大庑之下，不见人犬之忧。于是李斯乃叹曰：‘人之贤与不肖譬如鼠矣，在所自处耳！’”鼠目寸光的李斯，从“厕中鼠”与“仓中鼠”的差异中，悟出为人的“贤”与“不肖”，遂把“食积粟，居大庑之下，不见人犬之忧”定为人生的终极目标。为了改变“诟莫大于卑贱，而悲莫甚于穷困”的处境，李斯“从荀卿学帝王之术”，学成，投奔秦王嬴政，辅佐他统一天下。嬴政登上皇帝宝座，李斯官居丞相，并与皇家联姻，“诸男皆尚秦公主，女悉嫁秦诸公子”。他既陶醉于“当今人臣之位无居臣上者，可谓富贵极矣”的殊荣之中，又怕“物极则衰”，失去已得的一切。秦始皇死后，公子胡亥与宦官赵高密谋篡夺皇位，矫诏将戍边的始皇长子扶苏和大将蒙恬赐死。李斯经不起威胁利诱，与他们同流合污。事成之后，赵高反诬李斯欲“裂地而王”，胡亥下诏拘捕李斯并交赵高刑讯，李斯落了个杀身灭门的下场。以“仓中鼠”这一情节做主线，贯穿李斯成于荣华富贵，又败于荣华富贵的一生，对全传具有纲举目张的作用。

章学诚十分推崇司马迁管中窥豹、举轻若重的生花妙笔，他在《文史通义·古文十弊》中评论说：“陈平佐汉，志见社肉；李斯亡秦，兆端厕鼠。推微知著，固相士之玄机；搜间传神，亦文家之妙用也。”

下面，再举若干事例，继续诠释司马迁传人述事之精湛。

《萧相国世家》写汉高祖刘邦慧眼识才，叙事新颖，不落陈套：在秦末群雄逐鹿中得天下的刘邦“论功行封”，把萧何排在首位，追随他打天下的武夫悍将强烈反对：“臣等身被坚执锐，多者百余战，少者数十合，攻城略地，大小各有差。今萧何未尝有汗马之劳，徒持文墨议论，不战，顾反居臣等上，何也?”高帝曰：“诸君知猎乎?”曰：“知之。”“知猎狗乎?”曰：“知之。”高帝曰：“夫猎，追杀兽兔者狗也，而发踪指示兽处者人也。今诸君徒能得走兽耳，功狗也。至如萧何，发踪指示，功人也。”刘邦用“功狗”、“功人”比喻力排众议，强调“追杀兽兔”与“发踪指示”的作用无法相比的依据是，“沛公至咸阳，诸将皆争走金帛财物之府分之，何独先入收秦丞相御史律令图书藏之。”“汉王所以具知天下扼塞，户口多少，强弱之处，民所疾苦者，以何具得图书也。”文中两个贴切的比喻，自然成为刘邦坚持西汉首任丞相非萧何莫属的画龙点睛之笔。

《张仪列传》是写战国时期纵横家的活动。纵横家的特点是：身处天下大乱之时，心系天下大治之事，为了推行自己的政治主张，可将生死荣辱置之度外。力主“连横”的张仪，一次南下楚国游说，受到丞相府门客诬陷，蒙盗璧之冤，遭鞭笞之苦，受驱逐之辱，带伤回家又为妻子讪笑。其妻曰：“嘻，子毋读书游说，安得此辱乎?”张仪谓其妻曰：“视吾舌尚在否?”其妻笑曰“舌在也。”仪曰：“足矣。”夫妻二人围绕“舌”的几句对话看似笑谈，却勾画出靠三寸不烂之舌四处活动的纵横家的鲜活形象。

《留侯世家》写的是汉初以“运筹帏幄之中，决胜千里之外”闻名的军事家张良。然而，开头并没有罗列张良的显赫军功，而是叙述了两个与张良成名后反差极大的故事，旨在说明张良从一个有勇无谋的武夫，经过挫折和磨难，学会用兵法武装头脑，最后在战争中成为军事家的曲折历程。

故事之一是，“秦皇帝东游，良与客狙击秦皇帝博浪沙中，误中副车。秦皇帝大怒，大索天下，求贼甚急，为张良故也。良乃更名姓，亡匿下邳。”

故事之二是，黄石仙人向张良传授兵书。“良尝闲从容步游下邳圯上。有一老父，衣褐，至良所，直坠其履圯下，顾谓良曰：‘孺子，下取履。’良愕然，欲殴之。为其老，强忍，下取履。父曰：‘履我。’良业为取履，因长跪履之。父以足受，笑而去。良殊大惊，随目之。父去里所，复还。曰：‘孺子可教矣。后五日平明，与我会此。’良因怪之，跪曰：‘诺。’五日平明，良往，父已先在，怒曰：‘与老人期，后，何也?’去，曰：‘后五日早会。’五日鸡鸣，良往，父又先在，复怒曰：‘后，何也?’去，曰：‘后五日复早来。’五日，良夜未半往。有顷，父亦来，喜曰：‘当如是。’出一编书，曰：‘读此则为王者师矣。后十年兴。十三年孺子见我济北，榖城山下黄石即我矣。’遂去，无他言，不复见。旦日视其书，乃《太公兵法》也。良因异之，常习诵读之。”

《刺客列传》写的是战国时期一群大义凛然、视死如归的仁人志士。樊于期是这个群体中的典型。当时，燕太子丹面对强秦灭燕的威胁，向荆轲谋取刺杀秦王之策。荆轲提出，只有用秦国降将樊于期的头颅和燕国督亢的地图为见面礼，才能接近并刺杀秦王，丹不赞成对樊于期使用如此残忍的手段。荆轲“遂私见樊于期曰：‘秦之遇将军可谓深矣，父母宗族皆为戮没。今闻购将军首金千斤，邑万家，将奈何?’于期仰天太息流涕曰：‘于期每念之，常痛于骨髓，顾计不知所出耳!’荆轲曰：‘今有一言可以解燕国之患，报将军之仇者，何如?’于期乃前曰：‘为之奈何?’荆轲曰：‘愿得将军之首以献秦王，秦王必喜而见臣，臣左手把其袖，右手揕其胸，然则将军之仇报而燕见陵之愧除矣。将军岂有意乎?’樊于期偏袒扼腕而进曰：‘此臣之日夜切齿腐心也，乃今得闻教!’遂自刎。”传中穿插这个情节，既出人意料，又合乎情理。因为樊于期刚烈悲壮的举动，只有舍生取义的刺客才能做得出来。反之，也只有杀身成仁的悲壮情节，才能彰显刺客的特点。

西门豹治邺是千百年来家喻户晓的故事。战国时期，魏文侯命西门豹到邺地任县令。西门豹到任后，“会长老，问之民所疾苦。长老曰：‘苦为河伯娶妇，以故贫。’豹问其故，对曰：‘邺三老、廷掾常岁赋敛百姓，收取其钱得数百万，用其二三十万为河伯娶妇，与祝巫共分其余钱持归。当其时，巫行视小家女好者，云是当为河伯妇，即娉取。’”西门豹弄清“河伯娶妇”的真相之后，对长老说：届时“吾亦往送女”。待河伯娶妇之日，西门豹以河伯妇貌丑为由，令巫妪向河伯通报，“更求好女，后日送之”。随后便使人将巫妪投入河中。接着又先后将巫妪的三个弟子和三老投入河中。廷掾见状，吓得魂不附体，跪地叩头求饶。“从是以后，不敢复言为河伯娶妇”。对为民除害、治绩卓著的西门豹，《史记》没按成规列入清正廉洁的《循吏列传》，而是根据他能言善辩，正话反说，反事正做的特点，写进了《滑稽列传》。①

《万石张叔列传》以谨小慎微、明哲保官的石姓家族为典型，揭露和痛斥西汉官场的腐败。石奋及其长子建、次子甲、三子乙、四子庆，因“驯行恭谨，官皆至二千石”。石奋由此得号“万石君”。石家父子遇事临深履薄，无所作为。身为郎中令的石建，“书奏事，事下，建读之，曰：‘误书！’‘马’者与尾当五，今乃四，不足一。上谴死矣！其惶恐。”试想，一个高官在奏折中将“马”字少写一笔，就惶恐不安，怕获罪致死，又怎能犯颜直谏，匡正时弊呢？无独有偶。太仆石庆，为皇帝掌管车马，“御出，上问车中几马，庆以策数马毕，举

① 关于滑稽，唐司马贞《史记索隐》注：“滑，乱也；稽，同也。言辩捷之人言非若是，说是若非，言能乱异同也。”

手曰：‘六马。’”常年为皇帝车驾服务的石庆，当皇帝问到用几马驾车，竟要逐个计数，其“恭谨”之态令人作呕。然而，就是这样一个尸位素餐的人，竟官运亨通，由郡守、太子太傅、御史大夫直至丞相。

翻阅《史记》，名篇、名段俯拾皆是，或庄或谐，或褒或贬，异彩纷呈，各有千秋。传人适如其人，栩栩如生，无千人一面之感；述事适如其事，娓娓动听，无千篇一律之嫌。刘知几强调：“国史之美者，以叙事为工；而叙事之工者，以简要为主。”①《史记》堪称“叙事为工”、“简要为主”的美文经典，其中有些片断被后人浓缩为成语即是明证。如《秦始皇本纪》中的“指鹿为马”，《高祖本纪》中的“高屋建瓴”、“一败涂地”，《项羽本纪》中的“拔山扛鼎”、“破釜沉舟”、“四面楚歌”，《陈涉世家》中的“燕雀安知鸿鹄之志”、“篝火狐鸣”，《越王勾践世家》中的“患难与共”、“卧薪尝胆”，《吕不韦列传》中的“奇货可居”、“一字千金”，《孟子荀卿列传》中的“赤县神州”、“康庄大道”，《廉颇蔺相如列传》中的“完璧归赵”、“负荆请罪”，《平原君虞卿列传》中的“毛遂自荐”、“一言九鼎”，《李将军列传》中的“桃李不言，下自成蹊”，《淮阴侯列传》中的“秋毫无犯”、“多多益善”，《韩长孺列传》中的“强弩之末”、“死灰复燃”，《汲郑列传》中的“后来居上”、“门可罗雀”，《酷吏列传》中的“不寒而栗”，《滑稽列传》中的“一鸣惊人”、“杯盘狼藉”，《西南夷列传》中的“夜郎自大”，等等。

---

① 《史通·叙事》。

三、学习现代史学大师翦伯赞的文笔

倡导“史之为务，必藉文传”的刘知几，批评唐代以前史家撰史“怯书今语，勇效昔言”。[①] 其说甚是。因为无论任何时代，史学叙述的都是昨天或前天的人和事，但面对的却是今天的人，所以撰史者必须尽量使用“今语”，不可迷恋和模仿“昔言”。

现代史学大师翦伯赞是一位长于用现代语言著述的大手笔，其作古的年代距今又不遥远，他的文笔更易为当代史学工作者接受和借鉴。翦伯赞的史学著作叙事生动，析理透彻，文华而不失真，美词而不害意。他的文风如行云流水，不枝不蔓，清新隽永，神爽怡人。

《内蒙访古》[②] 可以视为翦伯赞文笔的缩影。这篇史学美文，最初刊于1961年12月13日《人民日报》，1963年文物出版社出版单行本，同年又被选入人民文学出版社出版的《1959—1961年散文特写选》。该文开头用富有文学磁性的笔调写道：“内蒙，对于历史学家来说，是一个富有诱惑力的地方，因为这里在悠久的历史时期中，一直是游牧民族生活和活动的历史舞台。而这些游牧民族的历史活动又是中国史的一个重要组成部分；有些活动，在世界史上也不能没有它们的篇章。”匈奴人、鲜卑人、突厥人、回纥人、契丹人、女真人、

---

① 《史通·言语》。

② 《翦伯赞史学论文选集》第3辑，人民出版社1980年版，第384～399页。

蒙古人，“一个跟着一个进入这个地区，走上历史舞台，又一个跟着一个从这个地区消逝，退出历史舞台。这些相继或同时出现于内蒙地区的游牧民族，他们像鹰一样从历史上掠过，最大多数飞得无影无踪，留下来的只是一些历史遗迹或遗物，零落于荒烟蔓草之间，诉说他们过去的繁荣。有些连历史遗迹也没有发现，仅仅在历史文献上保留一些简单的记录。”“这个历史学的宝库，直到现在，还没有完全打开，至少没有引起史学家足够的注意。”因此，翦伯赞在访问中格外重视这个“宝库”。他通过实地考察，紧密结合历史文献，从中国古代北方游牧民族的活动轨迹中，破译了一个带有规律性的“历史的秘密”，即为什么这些民族大多先立足于呼伦贝尔草原，然后由东向西走上历史舞台。

翦伯赞破译这个“历史的秘密”，是把论断寓于抒情的文字当中，引领读者边读边想，逐渐走进曲终意未尽、余音仍绕梁的佳境。他是这样表述的：整个内蒙是“游牧民族的历史舞台”，内蒙东部的呼伦贝尔草原又是“历史舞台的后台”。“总想把万里长城打破一个缺口，走进黄河流域”的游牧民族，先在这个后台“打扮”成“有组织的全副武装了的骑手、战士”，随后“走出马门”，“他们或者以辽河流域的平原为据点，或者以锡林郭勒草原为据点，但最主要的是以乌兰察布平原为据点，来敲打长城的大门，因而阴山一带往往出现民族矛盾的高潮。”两汉与匈奴，北魏与柔然，隋唐与突厥，明与鞑靼，都在这一带展开过激烈的较量。直到清初，这里还是重要的军事据点。“如果这些游牧民族，在阴山也站不住脚，他们就只有继续往西走，试图从居延打开一条通路进入洮河流域或青海草原：如果这种企图又失败了，他们就只有跑到准噶尔高原，从天山东麓打进新疆南部；如果在这里也遇到抵抗，那就只有远走中亚，把希望寄托在妫水流域了。”

翦伯赞评论这个“历史的秘密”，也令人赏心悦目：“所有这些民族矛盾斗争在今天看来，都是一系列的民族不幸事件，因为不论谁胜谁负，对于双方的人民来说都是一种灾难，一种悲剧。”“但是悲剧时代总是一个历史时代，一个不可避免的历史时代，一个紧紧和喜剧时代衔接的时代。为了让我们更愉快地和过去的悲剧时代诀别以及更好地创造我们的幸福的未来，回顾一下这个过去了的时代，不是没有益处的。”

与《内蒙访古》构成姊妹篇的是《从西汉的和亲政策说到昭君出塞》。这篇论文，有阐述，有驳议，构思巧，文字美，既蕴含哲理，又洋溢诗情。开头几段更是精彩：“王昭君在过去的史学家眼中是一个渺小人物，在现在的史学家眼中还是一个渺小人物；然而在这个渺小人物身上，却反映出西汉末叶中国历史的一个重要侧面，民族关系的这个侧面。从她的身上，我们可以看出公元前一世纪下半叶汉与匈奴之间的关系的全部历史。”“作为汉元帝掖庭中的一个宫女，王昭君不过是封建专制皇帝脚下践踏的一粒沙子；但作为一个被汉王朝选定的前往匈奴和亲的姑娘，她就象征地代表了一个王朝、一个帝国、一个民族，并且承担了这个王朝、帝国、民族寄托在她身上的政治使命。”“在一个多民族国家的历史上，两个兄弟民族的和解，不能不说是一个具有重大意义的历史事件，而王昭君在这个事件中扮演的角色，不能不说是一个重要的角色。”“汉元帝为了纪念这次和亲而改元‘竟宁’”，“在西汉王朝的历史上，这是最初的一次，也是最后的一次。”

针对以往论者（尤其是历代诗人）指责昭君出塞与西汉和亲政策的驳论，也是文如春华，令人耳目一新：“把昭君出塞宣布为民族国家的屈辱，已经很久了。大概在王昭君死了不久，就有很多诗人把昭君出塞当作一个屈辱事件写成了诗歌。”他们在“被称为青塚的昭君墓前，树立了一块抒情的堕泪碑，一千多年来，在这块堕泪碑前，洒遍了诗人的眼泪，题满了诗人的挽歌。”“在过去的诗人看来，只要是一个汉族姑娘出嫁比较落后的邻近部族或种族，就是伤害他们的民族尊严。如果这个姑娘是以王朝的名义出嫁，那就被认为是替民族国家带来了屈辱。因此，诗人们无条件地反对和亲政策，好像一个民族的尊严就在于严格的婚姻的种族封锁。”“他们根据封建道德的原则，向王昭君提出了贞操的要求，而且这种要求愈到后来愈严格。”“为了保卫贞操，保卫大汉族的尊严，诗人们一定要看到王昭君死在大汉帝国的边疆，才感到愉快，而且还要看到她的坟墓上生出青草，看到她的圣洁的灵魂，带着原来的环珮，回到她的‘亲爱的’皇帝陛下的身边，才算心满意足。”

考证文章容易写得艰涩简古，曲高和寡。翦伯赞却把考证文章写得轻松活泼，风趣十足。他在1945年写的《我的氏姓，我的故乡》，严谨中透着幽默，朴实中夹带俏皮。开头就悬念骤起，使你非要知道结论不可。他说：“我的氏姓，不见于中国史乘，亦不见于中国历代所撰的氏族谱，其果从何而来？见者多以为奇。如果我妄据经典，冒充华胄，我也可以说，我的氏姓是出于《周礼·地官司寇》的‘翦氏’之官，如此，则不但可以附会渊源，而且也可以自矜阀阅。”“但是我查阅我的族谱，我的氏姓与《周礼》‘翦氏’之官毫无关系，而是明代皇帝的赐姓，我的族人，也并不是‘黄帝’的子孙，或是大汉族的一个宗族，而是来自新疆，所谓西夷之人也。”

何以如此？他根据其十六世祖山胜在同治三年（1864年）写的《回部世系源流》，参照《元史·巴尔木阿尔忒的斤传》、明朝政府颁给其先祖的诏书以及顺治四年（1647年）修成的《桃源县志》等文献，把翦氏的族属、得姓与迁徙的来龙去脉梳理得一目了然：“翦氏本姓哈，其先出于西域回部，宋时为西域回部望族。元太祖之西征，回部附之，屡从征伐。有哈勒者，尝从太祖征西夏部落，屡战克捷，以军功封折冲将军。自是族属东迁，世仕元代，是为翦氏东徙之始。”“明兴，其裔八十，佐明太祖征伐。八十勇武有韬略，屡著战功，太祖嘉之，以其翦除寇盗，赐之姓曰翦，更其名八十曰八士，是为翦氏得姓之始。”“洪武五年（1372年），太祖封八士为荆襄都督，镇南定国将军，加太子太保衔，命其镇守辰常一带。……洪武二十二年（1389年）卒于军，奉旨敕葬常德关外黄龙冈。是为翦氏南迁湖广之始。”“八士有子曰拜著，原任荆襄都督府总兵，自幼随父征讨，习于攻战。八士卒，拜著袭其官。”“拜著生二子，长曰常蒲，次曰常黎。拜著卒，常蒲袭职为常德卫正指挥使，常蒲旋辞官北归西域回部，八士之副将，亦多出随从回籍。惟常黎乐常桃之山水，遂家焉。……自常黎以后五世诰敕盈馆，棨戟临门，赫然为世禄之家。以后失其官爵，遂为黎庶，自前明迄今，子孙繁衍，分居湖广、广西等省，或力田为农，或服贾为商，皆聚族而居，尊奉回教。”

在考证的基础上，翦伯赞又锦上添花，对其族属东迁的历史原因作了生动说明："历史上有些突然发生的事情，真是令人想不到的。当我的远祖在塔里木盆地的时候，他们做梦也没有想到他们会东徙中国本部。但是13世纪初鞑靼人的世界征服正像一阵狂风暴雨，横扫世界而过，许多弱小种族的人民便像沙砾一样，被这历史上的暴风雨卷上天空，又落到他们自己想不到的地方。我的远祖哈勒就在这暴风雨的时代中，不自主地离开了他的故乡，徙向中国的内地。……谁知到14世纪中叶，历史上又再飘起一阵狂风，把鞑靼征服者扫出了中原。在这一历史风暴中，我的始祖八士遂又像沙砾一样，被卷到湖南。他们虽到湖南，但也并没有预备居留下去，所以我的三世祖常蒲还是宁愿辞官不做，回到故乡去了。想不到常蒲的兄弟常黎，他却愿意留在湖南，这完全是一种偶然的事情。从此以后，这原住在新疆的一个姓哈的氏族，被历史上两阵狂风接力吹送，便变成了湖南翦氏了。"①

翦伯赞史学专著的文笔亦精美绝妙，炉火纯青。1942年11月，当其《中国史纲》第一卷杀青之际，在重庆市郊主持"文化工作委员会"日常活动的郭沫若致信翦伯赞："您的《中国史纲》将要脱稿，这断然是一九四二年的一大事件，为兄贺，亦为同人贺。我们极欢迎您写好后到赖家桥来为我们朗读，请您一定来，我暂不进城，决定在这儿等您。"郭沫若在信的末尾又风趣地加了一句："我现在略略伤风，更加渴望您用《史纲》来疗治。"② 人所共知，郭沫若是文学巨匠，又是

① 《翦伯赞史学论文选集》第1辑，人民出版社1980年版，第403～409页。
② 《北京大学学报》1978年第3期。

史学泰斗，他称赞《中国史纲》脱稿是当年“一大事件”，并热情邀请翦伯赞为同人“朗读”，绝非出于文友间的客气，而是对翦伯赞文笔的认同。

另一位现代史学大师侯外庐，也特别欣赏翦伯赞的文笔。他说：“伯赞的口才和文才都很不凡。一件事经过他的口和笔，总能变得趣味横生。伯赞的文章以优美潇洒见称于世。那文采，最反映他的风格。他献给读者的历史著作，篇篇读来都能朗朗上口，而他自己做学问的态度，则异常缜密、精细，异常严肃、刻苦。”“他有一个原则，凡写的东西，一定要让尽可能多的读者读懂并接受，所以，他不仅注重理论原则，而且特别肯在文字上下功夫。他的作品能寓科学性、党性于优美而流畅的诗一般的文字语言中。凡读过《中国史纲》的人，无不有感于他锤炼文字的功力。”①

下面，就从《中国史纲》第一卷和第二卷②选出几个精彩段落，与同行共赏翦氏“优美而流畅的诗一般的文字语言”。

之一，以刚健的笔锋描绘中国最初的人类及其生活的时代，力透纸背，犹如以电闪雷鸣欢呼惊心动魄的沧桑巨变和祖先出世：“大约在地质学第四纪之初，亦即今日以前的五十万年的时代，地球上便到了一个冰河时期，这在中国历史上，就正是传说中九头十纪开天辟地的时代。当此之时，鸿蒙未辟，宇宙洪荒，整个的地球，都在混沌之中。皑皑的冰河正以清洁的冰雪替人类洗刷这个原始的世界。”“太阳虽然照在蒙古高原

---

① 《韧的追求》，三联书店 1985 年版，第 137、138 页。

② 这两部名著自 20 世纪 40 年代成书以来多次出版，1988 年北京大学出版社出版校定本分别更名为《先秦史》和《秦汉史》。

上，但它仍然不能消解由冰河带来之寒冷和潮湿的气氛。即因气候过于寒冷，所以植物不易繁殖。虽然如此，当时内海周围没有为冰雪所掩盖的山谷和大原野里，已经生长出耐寒的石松、枞桧、月桂树、无花果以及球根类的植物。此外，在卑湿的地方或溪涧的沿岸，则生长了地衣与苔藓。这些古生的植物，就用它们生命的色素，点缀这荒旷的原野。巨型的爬虫类已经灭绝了。现在驰逐于蒙古高原的，是披毛犀、毛象、剑齿虎、洞熊、鬣狗、麝香牛、北极狐之类的古生动物。它们弱肉强食，相互吞噬，用它们的咆哮，打破这洪荒世界的沉默。”“地球在转动，冰河在冲刷，海洋在隆起，陆地在沉沦，风雪在飘零，内海在荡漾，月桂树在摇曳，剑齿虎在咆哮，这就是开天辟地的时代，在蒙古高原大内海的周围，出现了中国最初的人类。”①

之二，再现项羽在楚汉之争中被围垓下、挥剑自刭的情景，惊天地，泣鬼神，是挽歌，又似赞歌，悲凉中闪耀着凄美：“夜已深沉了，在项羽的军幕中，点燃了巨大的蜡烛，四面皆有楚歌之声，于是这位三十岁左右少年英雄，开始结束他自已光辉灿烂的历史。”“楚歌的声音更逼近了，蜡烛快熄灭了，骏马在长嘶，卫士们都拔出了雪亮的刀剑，大概就在这个紧急的时候虞姬与项王永别了。同时，项王也就跃上了他的骏马，带了八百名壮士，冲出了千军万马的重围。在项王军幕中留下来的，是酒，是泪，是血，是美人的幽灵，是英雄的歌声。”“现在项王走至乌江（今安

---

① 《先秦史》，北京大学出版社2001年版，第1、3页

徽和县北）之滨，乌江的亭长，权船以待，劝项羽渡江。但是项羽笑曰：‘天之亡我，我何渡为？且籍与江东子弟八千人渡江而西今无一人还，纵江东父老怜而王我，我何面目见之？’乃下马，以其骏马赠送与乌江亭长。于是这一位‘一声叱咤，千人皆废’的少年英雄，就用了带着敌人鲜血的宝剑，自刭而死了。”翦伯赞对项羽人生悲剧的描述精彩，评论也精彩：“余于亦不胜其钦佩。但可惜他是贵族的后裔，决定了他走向历史的反动方向，因而终于辗死在历史前进的车轮之下，实为可悲。虽然如此，他仍不失为封建社会中一个典型的英雄。他的英勇，坚强，慷慨，坦白和丰富的感情，都是英雄本色。即因他具有这样的性格，所以他才能领导起一个倒转历史的运动，而且也终于一手把历史的车轮倒转了。”“项羽的失败，不在他主观创力的不强；而正是由于他违反了历史发展的客观倾向。垓下的悲歌，乌江的浩叹，正是中国初期封建的历史贵族之最终的悲剧。从此以后，这一个残余的社会层，遂永远退出中国的历史舞台了。”①

之三，以开阔深远的视野和昂扬向上的笔调，纵论西汉历史的辉煌及其对世界历史的巨大影响：“自武帝以至昭、宣之世一百年间，汉族在中国，正像一个太阳，其他诸种族，则像环绕着这个太阳的一些行星。因此其他诸种族，虽然各自有其自己运行的规律，但从中国史之全面运动看来，这些诸种族还是以汉族的历史为中心而规定其运动的

① 《秦汉史》，北京大学出版社2001年版，第122～123页。

方向。中国史再不是一些碎片的自由活动，而是在一个历史动力的运转之下，展开了全面的发展与统一的运动了。”“大月氏，是中国历史运动压抑中第一次抛出去的一块历史碎片，也可以说是中国这个太阳系统中的一颗流星，这颗流星，降落在中亚，像殒石一样，落在妫水流域。然而它在妫水流域，却大放光明。匈奴人把大月氏抛掷到中亚，大月氏人又把希腊人抛掷在印度，到费尔干，希腊人又再降落在印度文化中，降落在中国文化的边缘。同时大月氏又把阿萨克斯人逼西走，于是罗马人又不幸地领略阿萨克斯人的响箭。”“北匈奴是中国历史运动压抑中第二次抛掷出去的一块历史碎片，也就是中国这个太阳系统中第二颗流星。这颗流星后来在欧罗巴的原野，成为4世纪西欧历史的动力。”“至于武、昭、宣时代，中国军队在中亚之出现，那已经不是流星，而是太阳光芒的照射。当此之时，汉朝的文明光辉，已经把西藏、青海除外之今日的整个中国，照得通明，并且通过南山北麓之颈形的狭管，在天山南北，射出它的光辉。这种光辉，渐渐向中央扩大它的照射，大约在里海、黑海之南，便与罗马共和国的光辉交光连采，呈现出一种奇异的美景，这就是东西两个世界的历史运动之交流，亦即世界史的运动走向统一的表征。”①

之四，回答从楚辞发展而来的汉赋，何以失去了生命力。比喻恰当，阐释精辟。“汉代的辞赋，是从楚辞中发展出来的一种文学的形式，惟楚辞皆系优美的抒情之作，而汉赋则几乎

① 《秦汉史》，北京大学出版社2001年版，第176～177页。

看不出作者自己的灵魂。若以汉赋比于楚辞，则汉赋正犹一满头珠翠之盛妆繁饰的公主，而楚辞则一满怀幽怨之淡妆轻抹的思妇。”“中国的文学，何以到汉代便失去了以前的生动，一变而为死板的繁缛的汉赋呢？我以为这不能归结为文学家个人的性格或天才的差异，而是客观环境变异的结果。……他们所处的时代，是大汉帝国全盘的时代；他们所看到的社会，是平静的农村，繁华的都市，壮丽的宫殿，幽美的园林。他们所看到的人物，是雄才大略的皇帝，胜利凯旋的将军，高车怒马的贵族，拖朱曳紫的官僚，肥头大耳的地主商人。他们看到的历史演出，是皇帝千乘万骑出猎，四夷重舌九译来朝，贵族缇帷夹道出殡，将军远征旌旗飘摇，官僚封妻荫子，兼并列宅，商人地主，横绝沙漠，翻越葱岭的商队之车马萧萧。这些最光彩、最雄伟、最幽美的景象，就遮蔽了文学家的眼睛。”①

四、磨练一副博采众长的好文笔

良史工文，博采众长，融会贯通，磨练一副好文笔，这是历代史家必备的基本功。当代史学工作者也不例外。怎样才能具备这种基本功呢？梁启超在《中国历史研究法补编》里提出一个主张，笔者认为切实可行。他说：“前人说，多读、多作、多改。今易一字，为‘多读、少作、多改’。他说的“多读”，就是不厌其多地研读前人和时人的史学美文经典，像蜜蜂从数以百万计的花朵上采集花粉然

① 《秦汉史》，北京大学出版社 2001 年版，第 558 页。

后酿蜜那样从中吸取写作营养。“少作”，就是树立精品意识，呕心沥血，写一篇是一篇，宁肯少些，但要好些，不滥竽充数。“多改”，就是要惜墨如金，用“语不惊人死不休”的精神反复修改，尽量将文中可有可无的字、句、段删掉。实现梁氏“两多一少”要求的关键是多写短文。因为文章由短拉长易，由长缩短难。短文必须言之有物，拒绝“注水”，容不得空话和废话。短文更要讲究文采。

说到文采，梁启超在《补编》中设有专节论述。他指出：文采的要素很多，最重要的莫过于“简洁”和“飞动”。所谓“简洁”，就是文章的笔削要精益求精。“大凡文章以说话少，含意多为最妙。文章的厚薄，即由此分。意思少，文章长，为薄；篇无剩句，句无剩字，为厚。”“若为文章之美，不要多说，只要能把意思表明就得。做过一篇文章之后，要看可删的有多少，该删的便删去。”梁氏强调一篇文章的初稿，“要看可删的有多少”，定稿要做到“篇无剩句，句无剩字”。这种要求，应该成为史学工作者的写作箴言。

所谓“飞动”，就是文章的语言要感人。他说：“为什么要做文章？为的是做给人看，尤其是历史文章”，“若不能感动人，其价值就减少了”。“事本飞动而文章呆板，人将不愿看，就看亦昏昏欲睡。事本呆板而文章生动，便字字都活跃纸上，使看的人要哭便哭，要笑便笑。”“历史学家要无此种技术，那就不行了。”[①] 梁氏在这里强调，要把历史文章写得生动感人，“使看的人要哭便哭，要笑便笑”。但是，他要求史学文章“飞

① 《中国历史研究法》，上海古籍出版社1987年版，第170~171页。

动”，并非提倡华而不实、堆砌辞藻，而是要借助语言美，增加文章的吸引力和感染力。文采和浮华是风马牛不相及的。诚然，史学文章要尽可能多地占有翔实的史料，这是著述的前提。但是，由于史料多是凝固的、僵硬的历史遗存，需要史家通过感知来激活，使之复原为血肉丰满的形象。对那些因地老天荒造成的历史漫漶、断裂至空白，更是如此。然而，激活史料绝不是无中生有，妄加虚构，而是以史笔为史，辅之以文采。

翦伯赞在《跋宋司马光通鉴稿》中也指出：“近人好为长文，喜写厚书。其实文不在长，书亦不在厚，只要有内容就行。当然，如果非长不能尽其意，非厚不能毕其词，我们也不反对长文和厚书，但故意拉长、加厚，就大可不必。”因此，他提倡史学工作者“学习司马光从两屋稿子中提炼出一部《通鉴》的办法”，强调“叙事则提要钩元，行文则删繁就简，疏而不漏，简而扼要；言必有据，没有空话；事皆可证，没有臆说；文字精炼，没有费辞。”①

古往今来的实践，雄辩地证明了梁氏和翦氏的见解之正确。世间美文，确实短者居多。因为短文必须要有闪光出彩的“文眼”，使人过目不忘。反之，平淡无奇、“费辞”连篇的长文，容易成为过眼云烟，转瞬即逝。明清之际的史学家顾炎武，用大半生的时间和精力写了一部近百万字的读书札记《日知录》，问世三百多年一直被学者奉为务实求真的精品。这部名著除个别条目是长文，其余均为短文，每篇或数十字，或数

---

① 《翦伯赞史学论文选集》第3辑，人民出版社1980年版，第371页。

百字，超过千字的都很少。其中，自序只有六十一个字："愚自少读书，有所得，辄记之。其有不合，时复改定。或古人先我而有者，则遂削之。积三十余年，乃成一编。取子夏之言，名曰《日知录》，以正后之君子。东吴顾炎武。"顾氏所言"愚自少读书，有所得，辄记之"，"或古人先我而有者，则遂削之"，是务实，表现了他刻苦钻研，独立思考，尊重前辈创获，不掠他人之美的治学品格。"其有不合，时复改定"，"以正后之君子"，是求真，反映了顾氏勤于探索，勇于修正，敢于留给后人检验的治学精神。这篇自序，如果减去书名来源和作者籍贯姓名占用的十五字，仅剩四十六个字，可谓字字珠玑，精粹至极。

1917年，著名的美国工人运动活动家、作家和新闻记者约翰·里德，在俄国十月革命期间，以亲见、亲闻、亲历的事实写成《震撼世界的十天》一书。列宁为该书美国版写的序言也是一篇脍炙人口的短文。全文只有四句话，译成现代汉语，连标点在内共有204字，却讲了三个重要内容：（1）向"各国工人"推荐这本书；（2）推荐这本书的理由；（3）这本书的价值所在。原文不长，全录如下：

"我以极大的兴趣全神贯注地读完了约翰·里德的《震撼世界的十天》，由衷地把这部著作推荐给各国工人。我希望这本书能发行千百万册，译成各种文字，因为它真实地、异常生动地记述了那些对于理解什么是无产阶级革命，什么是无产阶级专政具有极其重要意义的事件。这些问题现在正得到广泛的讨论，但是在决定接受或拒绝这些思想以前，必须了解所作的决定的全部意义。约翰·里德这本书无疑有助于阐明这个问题，而这正是世界工人运动的基本问题。”①

1958年9月2日，毛泽东致信刘少奇、周恩来、邓小平、陈云等中央领导同志，批评有关部门报送的材料“读后脑中无映象”。缺点是“在理论和文词”方面，“将一些观点凑合起来，聚沙成堆，缺乏逻辑，准确性、鲜明性都不见，文字又不通顺，更无高屋建瓴、势如破竹之态”。并指出原因是，“不大懂辩证逻辑，也不大懂形式逻辑，不大懂文法学，也不大懂修词学”。还风趣地批评道：“讲了一万次了，依然纹风不动，灵台如花冈之岩，笔下若玄冰之冻。哪一年稍微松动一点，使读者感觉有些春意，因而免于早上天堂，略为延长一年两年寿命呢?”② 毛泽东在半个世纪前语重心长的提示，至今对理论界和学术界仍有重要的指导意义，很值得史学工作者深思和笃行。

为了适应新世纪、新形势的要求，在社会主义文化建设新高潮中，更好地满足人民群众日益增长的精神文化需要，让史学著作进一步走出史学家个人的书斋，走出少数史学同好者的沙龙，“工文”应当成为史学工作者的必修课。这样，史学才能与当代社会相适应、与现代文化相协调，更有吸引力和感染力，为人民群众所喜闻乐见；才能为建设社会主义核心价值体系，为弘扬中华文化，增强民族凝聚力和创造力，提高国家文化软实力，做出积极的贡献。这样，史学工作者才能在史学发展和繁荣的过程中大有作为。因为史学的学科体系、学术观点

① 《列宁全集》第38卷，人民出版社1986年版，第60页。

② 《建国以来毛泽东文稿》第7册，中央文献出版社1992年版，第367～368页。

和科研方法的创新，都需要中国特色、中国风格、中国气派乃至中国话语体系的表述。精湛的文笔能给史学著作插上腾飞的翅膀，平庸的文笔则会拖累史学著作翅膀的挥动。史学工作者要永远铭记："言之无文，行而不远。"①

① 《左传》襄公二十五年。

当代中国史研究中的文献史料问题

JING YONG LI

旌勇里国史讲座

GUO SHI JIANG ZUO

主讲：张注洪

作者简介

张注洪

北京大学历史学系教授，北京抗日战争史学会常务理事，中国近现代史史料学学会副会长。长期从事中国现代史、工人运动史、中外关系史和史料学的教学与研究。著有《中国现代革命史史料学》、《新民主主义革命史研究述略》等，主编《国际友人与抗日战争》等，与人合著《国民革命的兴起》，合编《恽代英文集》等，论文有《中国共产党国情研究的历史考察》等，共70多篇。

1990 年、1992 年当代中国研究所和中华人民共和国国史学会相继成立，1994 年又有我国第一个公开的国史研究专业学术刊物——《当代中国史研究》诞生。此后《当代中国史研究》发表了不少探讨有关当代中国史，特别是涉及学科建设和研究方法的优秀论文，但其中对当代中国史研究有关文献史料的问题似少论及，这里拟从文献史料学的角度对此做一初步论述。①

一、当代中国史研究为何要重视文献史料的搜集、整理、考证和利用？

在论及当代中国史文献史料之前，首先要解释一下什么是“当代中国史”。按照《当代中国史研究》杂志的论述，当代中国史就是中国历史的当代部分，是“中国共产党领导中国各族人民，在新中国的土地上，将科学社会主义理论付诸实践、为实现社会主义纲领而奋斗的历史，是人民为了社会主义的建立、巩固、完善和发展而自觉地创造的历史”②。可以说，当代中国史就是中华人民共和国史，是新中国成立以来在党领导下的中国人民的奋斗史和国家的发展史，而当代中国史文献史料

① 参见张注洪：《中华人民共和国史文献史籍举要》，《历史教学》1990 年第 1 期；《中共党史史料学的属性、源流和形成》，《北京党史》1999 年第 3 期；《毛泽东生平、思想文献史料学研究初探》，《党的文献》2004 年第 5 期。

② 张启华：《研究国史的几个方法问题》，《当代中国史研究》1995 年第 3 期。亦有学者认为，“当代中国史”与“中华人民共和国史”有明显的区别，前者的研究范围较为宽广，后者更侧重上层政治层面。

则是这一奋斗征程和发展业绩的光辉记录。

众所周知，文献史料是历史研究的基础，古代史研究如此，近代史研究如此，当代史研究同样如此。当代史离我们最近，我们生活在当代史中，似乎国内国外天下大事，通过亲历、亲见、亲闻可以一目了然，其实并不尽然。研究当代中国史，革命实践和经验固然可贵和重要，但再丰富的个人阅历都恐难涵盖和通晓国史的方方面面。因此需要从认真掌握史料入手。所谓掌握史料，就是要掌握历史情况，要对过去的历史进行调查研究。毛泽东曾经指出："民主革命阶段要进行调查研究，社会主义革命和社会主义建设阶段，还是要进行调查研究，一万年还是要进行调查研究。"[①] 只要我们研究社会主义时期的历史、研究当代中国史，就要不间断地调查研究，进行搜集、整理、考证和利用文献史料的工作。中华人民共和国的历史，是成功的历史、辉煌的历史，其间虽然有曲折，也有挫折，但可从中吸取教训。我们做好文献史料工作，可以更好地总结实践经验，探讨历史发展规律，使国史成为资政育人的宝贵教材。

（一）重视搜集文献史料，可以"从既有的事实出发"[②]，"从事实的全部总和、从事实的联系去掌握事实"[③]

这是进行研究不可缺少的第一步。如研究建国以来我国经济改革和建设的进程，就必须收集大量具体的史料，就需要"实证"，包括以数量统计作为立论的基本依据，尽可能发掘和

① 《毛泽东文集》第 8 卷，人民出版社 1999 年版，第 262 页。
② 《马克思恩格斯全集》第 20 卷，人民出版社 1971 年版，第 387 页。
③ 《列宁全集》第 28 卷，人民出版社 1990 年版，第 264 页。

核实当时的数据；原有的统计不准，有时还要重新做起。对于研究政治、军事、外交、文化思想的发展和变化同样如此，要下扎实的史料搜集功夫。史料不丰富不详尽，就很难有所创新。而要全面、系统地收集到史料，就必须从既有的研究基础出发，借助有效的查找手段，按照门类、年代、地区、人物多方搜集；并熟悉今人的“网上功夫”，国内、海外网上史料尽收眼底，力求尽可能穷尽史料。

（二）重视整理文献史料，可以按内容进行分类整理，也可以进行编辑加工，以更利于研究者采用

例如有的同志整理编辑了各种形式的当代中国史的综合和专题的史料“汇编”、“选编”，还有的同志根据史料整理为“长编”或者编成“实录”，甚至将建国以来1949~1999年的历史按日整理为“日志”，以日为经，以事为纬。这些在一定理论指导下按一定体系整理的文献史料，汇编史逐篇核实，编年时实事详录，具有颇高的使用价值。

（三）重视考证文献史料，通过书证、物证、理证、人证（当代史可找到更多的人证）的方法考查、订正、鉴别有关事实，归纳有关证据，运用科学方法得出真实的结论

历史文献上记录的东西不一定都能反映历史的真实，当时的文献在现在看来未必非常全面，因此需要进行系统的考证。诸如对建国以来重要会议文件、人物著述、事件原委、人物经历、思想源流、话语演变的考证，务求“真实”，就可使我们对当代中国史的逻辑发展、历史主干、总体评价的认识和理解有更加坚实的基础。

（四）重视利用文献史料，汇集、引用文献史料说明一定的问题，使其更好地为研究服务，为现实服务

这里往往有两种情况：或是根据已有文献说明新的问题，如1956年人民出版社编辑的《中国农村的社会主义高潮》，运用农村合作化的新闻报道和调查来说明全国的社会主义高潮，毛泽东为多篇报道写有按语，指出文献的思想价值和社会价值；或是就未解决的问题搜集新的史料以阐明历史真相，如最近有的学者利用原始档案对“克什米尔公主号”坠机事件进行考订①，论证事件的原委和经过。都力求做到依据准确调查或借助准确档案说明问题。

这种对文献史料的调查研究，收集史料要求“全”，整理史料要求“实”，考证史料要求“真”，利用史料要求“准”，也可说既是科学的世界观和思维方式，又是科学的研究原则和研究方法。当代中国史研究中诸多有价值的论述，无一不是作者运用马克思主义对文献史料进行了这种深入的调查研究才写出的。

二、当代中国史文献史料的类型及其特点

（一）文件和档案

文件档案是研究的第一手资料。文件入档形成档案，有些

---

① 蒋本良：《也谈“克什米尔公主号”坠机事件》，《百年潮》2006年第5期。

文件没有经过档案保存便直接公布了，这种材料只能叫文件或文献，不能称为档案。可见档案和文件从本身内容看并无重大区别，只是由于保存手段和方法的差异而产生不同。建国以来，中国共产党、政府机构、军事机构和工会、青年团、妇女等群众团体，在各种政治活动和社会主义实践中，为了上传下达、相互交往或记录事务的需要，形成了大量公布的公文材料。这些文件是当代中国历史的珍贵记录，又是研究历史的可靠依据。

其中最重要的是中共中央和地方党组织的文件：就党的代表大会而言，从1956年的八大到如今的十六大都有文件集出版。特别是1981年中共的十一届六中全会通过的《关于建国以来党的若干历史问题的决议》，是一篇系统总结建国以来的历史的纲领性文献，是进行国史研究应该遵守的最重要的科学依据。地方党组织的文件集也多有出版。如果研究党的统战政策和民主党派史，还应参阅各民主党派的文件。

政府方面的文件：从第一次全国人民代表大会开始至今各届大会，各次会议都有重要文件汇刊。另外，还有中央人民政府的法令汇编、历届政协文件集。

军事方面的文件：主要指中国人民解放军领导机关的命令、指示、报告、汇报、公函等，未见全部汇编成书，但可以从报刊上查到。

工会文件：中国工会第7次代表大会以来，均有文件集出版。以工会七大、八大的纪念刊（1953年、1958年）最为详尽。

青年团文件：也屡有汇集出版，但内容比较单薄。

对外关系文件：出版有《中华人民共和国对外关系文件

集》、《中华人民共和国条约集》，数年或每年出版一集不等。

以上仅系公开发表的部分文件，不少文件还未公开发表，未公开的文件有的可到档案机构查找。近年外交部已将20世纪五六十年代的档案逐步公布，可凭证件前往阅览。在使用文献史料时，应将公开与未公开的、可作正式依据与可作了解情况参考的分别对待。

（二）文集和文稿

在人物文集文稿中，最重要的是毛泽东和老一辈无产阶级革命家的文集、第二和第三代领导集体成员以及当前中共中央领导集体成员的著作，他们的论述是形成毛泽东思想、邓小平理论和“三个代表”重要思想的组成部分，对研究中华人民共和国史具有重要的指导意义。毛泽东著作有《毛泽东选集》、《毛泽东文集》、《建国以来毛泽东文稿》、《毛泽东军事文选》、《毛泽东外交文选》等。周恩来著作有《周恩来选集》、《周恩来统一战线文选》、《周恩来外交文选》、《周恩来书信选集》等。刘少奇著作有《刘少奇选集》、《建国以来刘少奇文稿》等。朱德著作有《朱德文选》等。邓小平著作有《邓小平文选》等。最近还有《江泽民文选》出版。胡锦涛的论著主要见于《十六大以来重要文献选编》等文集。

此外，《陈云文集》、《李先念文选》、《张闻天选集》、《董必武选集》、《李维汉选集》、《彭德怀军事文选》以及叶剑英、王稼祥、彭真、董必武、邓颖超、习仲勋等人的文集，亦均编入许多有关建国后历史的论述，值得我们认真研读。

这些文集，只是就政治、军事人物而言，其他经济人物、文化人物的文集亦应注意。

以上所述文集中所反映的思想和提供的有关史实，对研究毛泽东思想、邓小平理论、“三个代表”重要思想特别是当代中国史，具有重要的文献价值。

（三）报纸和新闻稿

报纸一般每日出版，种类数量繁多，所载信息量大。党的报纸在社会主义事业的发展中起了“极大的组织、鼓舞、激励、批判、推动的作用”①，从中可以感受到共和国的脉搏并体察到奋进的轨迹。它是仅次于档案的可利用的详细资料。研究当代中国史可利用的报纸有：

全国性的报纸有《人民日报》、《光明日报》、《解放军报》、《工人日报》、《农民日报》、《中国青年报》、《中国妇女报》、《人民政协报》等；此外，面向侨胞的《侨声报》、文化部的《中国文化报》、教育部的《中国教育报》等，亦各有特点。出版多年的《参考消息》、《今日新闻》、《新华社每日电讯》，也是可以利用的重要史料。

这些报纸留下了党和国家以及有关方面活动的大量记载，此中有凯歌，有艰难，有觉醒，有奋进，更有辉煌，反映了社会主义制度在中国确立并在曲折中发展的光辉历史。

（四）定期刊物

建国后，定期刊物日益增多。其中，有指导实践的理论刊

① 《毛泽东书信选集》，人民出版社1983年版，第533页。

物，有涉及政治、军事、经济、文化现状的刊物，有与当代中国史研究有关的史学刊物，也有大量内部刊物等。

关于党、政、工、团中央以及妇联创办的机关刊物：中共中央宣传部最早办有《学习》杂志，指导全国人民的政治理论学习。1958 年 6 月，中共中央理论刊物《红旗》半月刊（间为月刊或不定期刊）创刊，1988 年 6 月停刊，7 月由中共中央委托中央党校继续主办全党理论刊物《求是》，1989 年 9 月改由中共中央直接主办。政府机构出版的《全国人大常委会公报》和《国务院公报》，属公布文件性质。工会有《中国工人》半月刊，青年团有《中国青年》，全国妇联有《中国妇女》。

关于汇集政治、军事、经济、文化现状的综合刊物：此中内容丰富、资料价值较高的为《新华月报》，1949 年建国时创刊，1956 年改为半月刊，1961 年又改为“月报”，1966 年 1 月停刊，1970 年 8 月复刊。1979 年改为《新华月报》（初称“文献”版，后改为“记录”版）和《新华文摘》两种，按月出版至今。

关于研究当代中国史的史学刊物：专门研究的刊物首推《当代中国史研究》，内容丰富，特点突出，做到党性和科学性相结合，是当代中国史研究的重要阵地、集中展现当代中国史研究成果的重要窗口。另外创刊较早的党史刊物《中共党史研究》、《党的文献》、《中共党史资料》近年日益增重刊发国史论文和资料的分量，论述创新，史料翔实。至于一般史学刊物《历史研究》、《史学月刊》、《文史哲》、《历史教学》等也都发表了一些有关当代中国史的重要文章。

不论是理论刊物，反映现状的刊物，抑或史学刊物，只要涉及当代史，都与当代中国史研究有关，研究者可以充分有效地利用它们所提供的观点和材料。

（五）纪实和回忆

当代中国史料长期以来纪实多于回忆，近些年口述回忆史料始大量问世。今就不同类型的纪实和口述回忆史料，略举几种。如：石光树编《迎来曙光的盛会——新政协会议亲历记》（中国文史资料出版社 1987 年版）；《中国农村的社会主义高潮》上、中、下三册（人民出版社 1956 年版）；周明主编《历史在这里沉思——1966 至 1977 年纪实》共 3 卷（华夏出版社 1987 年版）；最高人民法院研究室编《中华人民共和国最高人民法院特别法庭审判林彪、江青反革命集团案纪实》（法律出版社 1982 年版）；《不尽的思念》（中央文献出版社 1987 年版）；国家教委社会科学研究与艺术教育司等编《五十天的回顾与反思》（高等教育出版社 1989 年版）。

另外，个人回忆还有《彭德怀自述》、薄一波的《若干重大决策和事件的回顾》、李锐的《庐山会议实录》，朱元石主编的《共和国要事口述史》等。1957 ~ 1993 年连续出版多年的《红旗飘飘》丛刊（1 ~ 32），亦有涉及共和国史的回忆材料。

纪实材料，报刊书籍中俯拾皆是，使用时需要加以分析。口述回忆材料所见不少，个别质量不高，利用时要注意鉴别并与文献史料相印证。

（六）文献资料汇编

当代中国史文献资料汇编，最重要的除《建国以来重要文献选编》外，有些高等院校为适应教学需要亦编有多种。主要有中国人民解放军国防大学编辑的《中共党史社会主义时期参考资料》(1949 年 10 月至 1985 年 9 月)，共 14 册。

除了综合资料外，目前出版的多为专题资料。

一种是当时汇编的资料集，如：关于土地改革的有《土地改革重要文献资料汇集》（人民出版社 1951 年版)，《新区土改前的农村》（人民出版社 1951 版)；关于抗美援朝的有《伟大的抗美援朝运动》（人民出版社 1954 年版)，《从鸭绿江到板门店——伟大的抗美援朝战争》（人民出版社 1958 年版)；关于“三反”、“五反”的有《三反五反文辑》（人民出版社 1952 年版)；关于农业合作化的有《中国农业合作化运动史料》（三联书店 1959 年版)；关于“文化大革命”的有《文化大革命时期资料选辑》（未公开发行)；关于改革开放的有《中国社会主义经济的改革、开放和发展——研究报告集》（经济管理出版社 1987 年版）等。这些资料多在事件刚发生后不久编成，收录未尽完整。

一种是纪念中华人民共和国成立的文章的汇集，凡逢五周年、逢十周年纪念都有出版，分量亦较大。

另外，近年还出版了中国社会科学院、中央档案馆合编的《中华人民共和国经济档案资料选编》等资料汇编。

以上所述资料，或是事件发生当时、或是事件稍后所编，难免有某些局限性。使用时均须秉承实践是检验真理的唯一标准的原则重新认识和衡量。

（七）地方史志

十一届三中全会前，地方史研究主要着眼于解放前，出版史料亦限于解放前；而近20年地方史研究则开始重视当代史，也积累了建国后的史料。例如中共四川省委研究室汇编的《四川省情》、《四川省情续编》（四川人民出版社1984、1987年版）两书。前书根据各个方面的资料，全面系统地介绍了1949～1981年32年间四川省进行社会主义革命和建设的经验教训，内容包括总述、农业、工业、商业、财政、金融、劳动、工资、物价、教育、科学、文化、卫生、体育等部分；后者以较为丰富的内容和翔实的资料弥补了前者的不足，提供了今日巴蜀更多更新的信息。其他省市如山西、云南、贵州、河南、湖南、新疆等省市自治区也出版有年鉴等类记载该地区情况的资料。另外，各省市方志办公室领导下进行的编修方志的工作大有开展，20年来出版的地方志书达5万余部。近几年出版的《当代中国丛书》的地方卷，每省一卷，行业卷也出有20卷，内容全面、丰富、新颖、准确，对研究国史将有更大的用处。

地方史的材料，是当代中国史资料的基础。在研究当代中国史时利用若干地区的典型材料，有助于对整个历史问题的深刻说明。

（八）史学史资料

当代中国史学史及当代中国史学科本身的发展史，是以有关史学著述为主要研究对象的。尽管史学著述一般情况下并非史料，但开展史学史研究，它却是无可代替的“史料”。

当代中国史的通史著作：最早者当推20世纪50年代河北北京师院历史系学生集体编写的《中华人民共和国史稿》。唯该书错误颇多，出版后史学界曾有专文批评。十一届三中全会后，始再有此类著述问世。常见的有陈明显、张恒等编著的《新中国四十年研究》（北京理工大学出版社1989年版），郭彬蔚、谭宗级的《中华人民共和国简史》（吉林文史出版社1988年版），靳德行的《中华人民共和国史》（河南人民出版社1989年版），刘国新的《中华人民共和国历史长编》（广东人民出版社1994年版）等。此类著述涉及时段长短不一，不少具有中华人民共和国通史的特点。

专题著述：近年来陆续出版的《当代中国丛书》中，不少专题都是有价值的重要著述。以《当代中国外交》为例，实为一本论证中国外交发展历程的当代外交史。作者深刻地指出党对重大国际事件的正确判断，又指出各种错误倾向对外交工作的干扰。此外，许涤新的《中国过渡时期经济的分析（1949～1957）》（人民出版社1962年版）、薛暮桥的《中国国民经济的社会主义改造》（人民出版社1978年版）等专著均有相当的分量。近年来，还出版有李德彬的《中华人民共和国经济史简编》、赵德馨的《中华人民共和国经济史》（两书均为河南人民出版社版）、石仲泉的《中共八大史》（人民出版社1998年版）、金春明的《“文化大革命”史稿》（四川人民出版社1995年版）、李正华的《中国改革开放的酝酿与起步》（当代中国出版社2002年版）、石志夫的《中华人民共和国对外关系史》（北大出版社 1994 年版）、陆学艺的《当代中国的社会流动》（社会科学文献出版社 2004 年版）等专著。

论文专集：重要的有李文主编的《当代中国史研究》十年文选——《国史论丛》（当代中国出版社 2004 年版）。选文多为近年国史研究的精品，覆盖面亦广，代表了目前当代中国史研究达到的水平。

认真阅读此类史学著作，并把它放在一定历史条件下进行考察，总结论述得失，对于开展当代中国史学科发展进程的研究、促进当代中国史学科体系的形成至关重要。

（九）国外史料和史学史资料

国外对新中国的研究非常重视，各类出版物和资料数量颇大。有些文献选编、调查访问乃至专题研究、人物传记以及中外关系等方面的著述不同程度地保存了若干史料。

此中值得重视的是第一手材料即已刊和未刊的档案文件，俄、美、日、英等国外交文件和档案均可利用。沈志华主持翻译的《苏联史和中苏关系档案》（34 卷 36 本）很有价值，译者据此写了《朝鲜战争的爆发过程》、《苏联专家在中国》等书。

另外，国外出版的有关当代中国史的采访和专著也值得重视。仅就访问、考源、传记、专题几方面分别举例：如斯诺著《大河彼岸》（美国出版公司 1962 年出版）；罗德里克·麦克法夸尔主编《文化大革命的起源》第 1、2 卷（牛津大学和哥伦比亚大学出版社 1979 年、1983 年联合出版）；斯图尔特·施拉姆著《毛泽东》（美国企鹅公司1967年版）；费正清著《美国与中国》（哈佛大学1980年版）等。

至于日、美、英出版的关于毛泽东等的著作，反映了他们对当代中国史文献史料的看法和研究方法，也可供参考。

对待国外资料，除要注意了解史料的来源、背景、作者，确定其真实性和价值外，尤要对其内容进行马克思主义的分析。

（十）批判研究资料

建国50多年来，中国国内的阶级斗争曾在一定范围内存在，至今仍不能说已经完全停息。“我国是当今世界上最大的社会主义国家，必然长期面对各种敌对势力在意识形态领域的渗透活动，敌对势力也必然在意识形态领域与我们进行激烈较量。”[1] 敌对势力往往发表言论，歪曲中华人民共和国的历史，丑化党和国家领导人的形象，诋毁人民群众的奋斗精神。对于此类言行，我们均须研究，给予揭露和批判。以往国内出版有《外国资产阶级学者对中国现代史的看法》、《“四人帮”反革命言论选编》，报端还公布过某些顽固坚持反华反共的人完全否定我国建国后50年历史的种种言行，我们也出版过类似《历史的真实》（中央文献出版社1998年版）等书对攻击性言论予以回击。诸如此类的材料均有助于人们对敌对势力的攻击性言论的识别、揭露、抵制和批判。

① 《十六大以来重要文献选编》（中），中央文献出版社2006年版，第501页。

三、当代中国史研究对文献史料的搜集、整理、考证和利用的成绩与不足

（一）对文献史料的搜集

（1）中央档案、文史、图书机构收集全国性的当代史料。以档案馆而言，档案事业解放后有了很大的发展（迄今全国档案馆3816所，档案15838万卷①，多为建国以后档案）。1985、1992年国家先后颁布《收集档案规定》和《档案法》，规定县、市档案馆收藏所属立档单位形成的已满10年和20年的档案应分别送交国家档案馆和有关档案馆，收集工作大有进展。中央档案馆以及政府各部门即收集大量建国后重要档案文件。

（2）地方档案、文史、图书机构收集地区性的当代史料。北京档案馆收集建国后的档案较为完整，据1996年统计共有179全宗、236391卷，还有录音、录像、影片、照片，率先编出建国以来《北京市重要文献选编》12册，堪称此项工作典范；各省市档案馆亦编有建国后文献选编。

（3）个人收集的当代史料亦极为丰富。许多老同志或从事党史、国史研究的学者都进行当代史料的保存和收集。以胡乔木为例，即保存和收集有不少与共和国史和国家领导人有关的档案文件，他逝世后经有关方面整理出版了多本文集

① http://www.gov.cn/test/2005-09/07/content_30007.htm.

和书信集，供研究参考。有些参加编写重要领导人物文集和传记的个人也收集不少有关国史的文献史料。此类文献史料也有不足，即对政治方面史料比较重视，而对反映地方基层、人民生活、文化、对外关系等方面的史料重视不够。《国际友人丛书》出版了五六十部，多是涉及建国前的，涉及建国后的则较少。

（二）对文献史料的整理

(1) 整理和编辑了当代中国史研究的基本文献史料。最重要的是中央文献研究室编辑的《建国以来重要文献选编》。此中除收入已公布的党和国家的决议政策文献，还有些是初次公布的文献史料。

(2) 整理和出版了重要人物的文集、选集、选编、文稿。老一辈无产阶级革命家和其他党和国家领导人的选集、文集都陆续出版，有的还出版了建国以来文稿，选材、注释均称精当。

(3) 整理和出版了党和国家领导人、军队领导人、地方领导人有关重大历史事件的回忆以及新闻出版界负责人、文化名人、国际友人和重要历史人物本人及家属的口述回忆史料。

以上文献、史料整体价值很高，但也有不足。文献汇编中偏重政治多，涉及经济、文化少；宏观资料多，具体细化者少。个人文集中重要人物多，普通人物少。重要人物中建国初史料多，中后期史料少。口述回忆史料中反映高层活动多，反映基层社会生活变化少。在已出版的史料集中还存在个别质量不高甚至辗转抄袭的现象。

（三）对文献史料的考证

（1）考证出处：如龚育之等论及多种报刊和电视广播讲毛泽东在开国大典上讲“中国人民从此站起来了”，并无此话，9月21日在政协开幕式讲的是“中国人从此站起来了”。①

（2）考证话语：如鲁振祥论证了共和国史上“大跃进”一词的应用与演变。②

（3）考证源流：如逄先知等考证了《关于正确处理人民内部矛盾的问题》这篇文献从酝酿到发表经历了一个不断探索、反复思考的过程。③

（4）考证作者：如彭珮云论证，所谓“第一张马列主义大字报”出笼并非某些人所说，是北大少数教师的自发行动，而是康生及其妻子策划和指使下抛出的。④

（5）考证内容：如程中原解读了1975年整顿中的三个著名文件，认为给新时期的拨乱反正和改革开放做了更直接的准备。⑤

（6）考证论点：如于光远论证，毛泽东晚年关于“文化大

---

① 吴志菲：《龚育之的家国情怀》，《人物》2005年第2期；徐邦治：《毛泽东宣布“中国人从此站立起来了”不是在开国大典上》，《当代中国史研究》2006年第1期。

② 鲁振祥：《共和国史上“大跃进”一词的应用与演变》，《中国经济史研究》2004年第1期。

③ 逄先知、李捷：《一篇重要的马克思主义理论著作的诞生》，《党的文献》2002年第5～6期。

④ 彭珮云：《也谈“全国第一张马列主义大字报”出笼经过》，《百年潮》2006年第2期。

⑤ 程中原：《1975年整顿中的三个著名文件》，《当代中国史研究》1995年第1期。

革命”“这件事情的态度至死不变”，并非有的传记所说“感到深深的忧虑与不安”。①

（7）考证史实：如阎长贵考证了林彪成为接班人不是好几年才形成，而是1966年9月25日八届十一中全会明确的。②

（8）考证记事：如孔东梅考证了斯诺最后一次访华的报道对美国政策的影响。③

这些考证均采取历史、辩证、阶级分析、比较研究的方法进行论述，有颇高质量。不足之处，个别考证显得论证不够充分，缺少学术性、科学性；有的是根据第一手材料，却未注明处，使人感到可信度不够。

（四）对文献史料的利用

（1）当代文献史料直接为研究服务，发挥了应有的社会效益。有了这些文献史料，研究者写出的著述、教材仅建国初至20世纪90年代即有500多本、论文2000多篇；特别是老一辈革命家的著作、年谱大量出版，为研究国史提供了理论和文献上的依据。

（2）当代文献史料还被广泛利用于电视纪录片并提供影视广播素材，起到形象教科书的作用。通过电影、电视、广播及图片展览等渠道开展当代中国历史宣传，对广大人民群众进行了生动的国史教育。

---

① 于光远：《我所知道的江青》，《炎黄春秋》2006年第2期。
② 阎长贵：《林彪何时成为接班人》，《中共党史研究》2006年第2期。
③ 孔东梅：《斯诺中国报道对美国政要的影响》，《党的文献》2006年第1期。

(3) 当代文献资料因有档案馆、图书馆等保存单位的帮助，得到了及时的利用。有关方面还整理编辑了中华人民共和国史大事记、年鉴、实录、百科全书以及目录索引等工具书，供查找者参考。凡此对当代中国史文献史料的研究和利用，都提供了方便的条件。不足之处：一是有的史料保管部门不大注意严格按照国家规定，将应该公布的档案及时整理提供利用；二是有的研究者不大重视已公布文献档案的充分利用；还有的利用文献史料不太重视文献质量及真实性，个别作者引用别人成果不遵守学术规范。

四、加强对当代中国史研究文献史料的搜集、整理、考证和利用，以推动当代中国史研究的发展和深入

（一）以马克思主义为指导，开展对当代中国史文献史料的研究

当代中国史研究和其他史学研究一样，离不开历史唯物主义的指导。只有坚持马克思主义的唯物史观，以中国化的马克思主义——毛泽东思想、邓小平理论、“三个代表”重要思想作为衡量判断是非功过的标准，才能透过现象看到本质，从纷繁事物中理清历史的主线。过去“当代人不写当代史”，但当代人写当代史的也不是绝对没有。司马迁写到他所处时代的西汉史实，源于他又做了大量的调查研究。鸦片战争后魏源等写过本朝史，因为他详知清代史实。李剑农也写过《近三十年中

国政治史》，因为他对当时政局变化亲身经历。当然魏源、李剑农写的当代史，还不能说非常科学。1852年马克思也写过当代史（《路易·波拿巴的雾月十八日》），情况则完全不同，他不仅“研究了法国过去的历史”，“考察了法国当前历史的一切细节”，而且他还掌握了“历史运动规律”，因而写出了完全符合客观的当代史。正如恩格斯所说：“这幅图画描绘得如此精妙，以致后来每一次新的揭露，却只是提供出新的证据，证明这幅图画是多么忠实地反映了现实。”① 由此可见，当代人研究当代史要掌握和运用史料，绝不是简单地堆砌史料，而是要如马克思那样在唯物史观指导下对客观存在的历史事实进行周密的调查研究，才能科学地说明历史。

（二）总结当代中国史文献史料研究的经验，形成当代中国史文献史料学

如前所述，我们已经有了在当代中国史研究中搜集、整理、考证、利用文献史料的丰富经验。现在需要对它从理论和方法上做出系统的总结，以便形成当代中国史文献史料学。早在10年前就有学者在总结当代中国史研究成果时遗憾地指出，现在我们缺少当代中国史史料学的研究专著。② 此情况至今仍未改变。什么是文献史料学？一般地说，是指搜集、整理、考证和利用文献史料的理论和方法。当代中国史文献史料学也就是研究有关文献史料的收集、整理、考证和利用

① 《马克思恩格斯选集》第2卷，人民出版社1966年版，第4～5页。
② 《中国历史学年鉴（1996）》，三联书店1997年版，第288页。

的理论和方法的一门学科；它是为当代史研究服务的，但又有相对的独立性，可以自成体系。1984年来华访问的美国口述学者布鲁斯·M·斯蒂文撰有《中华人民共和国的口述史学》①，也可说是属于当代中国史文献史料学范围的记述。《当代中国史研究》1998年第1期还译载了此篇论述，说明对这一问题的重视。

（三）加强当代中国史文献史料学的研究，完善当代中国史研究的学科体系，进一步推动当代中国史学科的发展

当代中国史研究经过半个世纪特别是近20多年的发展，已开始形成一个独立的学科。这就是说，当代中国史研究在其学科构成，诸如学科理论、整个当代通史、各时期史、专史、地区史、行业史、人物志、研究性回忆录和口述史诸方面，已有研究基础和成果，有了自己的学科体系。学科建设关键在于正确的理论指导。就学科理论言，指导当代中国史研究的理论，是马克思主义、毛泽东思想、邓小平理论和“三个代表”重要思想。但在实际研究进程中仍需要有一个“中介理论”，即把马克思主义的基本理论与当代中国史研究实际结合起来的理论。具体地说，它应该包括当代中国史关于研究的对象、任务和方法的理论，关于掌握和运用文献史料的文献史料学的理论，关于总结经验教训的史学史的理论以及关于本学科与其他学科关系的理论等。据此可考虑构筑当代中国史研究的理论框架。由此可见，当代中国史文献史

① ［美］《国际口述史学杂志》第6卷，1985年第3期。

料学是当代中国史学科不可或缺的重要分支。加强当代中国史文献史料学的研究，包括对其理论（学科性质、范围和任务）、学术史（学科形成和学术渊源）、分类（史料类型和各自特点）、应用（史料搜集、整理、考证和利用）等的研究，将有助于完善当代中国史学的学科建设，从而不断推动当代中国史研究的深入和发展。

JING YONG LI
旌勇里国史讲座
GUO SHI JIANG ZUO

弘扬张家港精神，坚定地走科学发展之路

主讲：秦振华

作者简介

秦振华

原江苏省政协常委、苏州市人大常委会副主任、张家港市市委书记。

接到当代中国研究所的盛情邀请，我很高兴，十分感谢所领导给我提供了这样一个极好的机会，到科学研究的殿堂里来学习，接受科学发展观最深刻、最有意义的再教育，使我们张家港市能与研究所攀上高亲，得到更多科学雨露的滋润，也真诚地欢迎各位专家把张家港市当作社会科学研究的试验田、实验室，研究出更多的丰硕成果。

下面，我主要结合1992～1997年我担任张家港市市委书记和苏州市人大常委会副主任期间的工作实践，以及之后担任江苏省政协常委以来所做的调查研究，重点就努力实践邓小平理论，贯彻“三个代表”重要思想，弘扬张家港精神，坚持以人为本，树立科学发展观，促进三个文明建设协调发展，介绍一下我的一些粗浅体会。我主要汇报两个方面的情况。

一、张家港市十多年来发生的翻天覆地的变化

张家港市位于上海市西北部、苏州市北部、长江下游南岸，原名沙洲县（1962年建县，原常熟、江阴两地各划出一部分组建而成）。1986年撤县建市，以境内天然良港——张家港而命名。全市现下辖8个镇，总面积999平方公里，总人口86万。这里原来经济落后，交通闭塞，是苏州的“西伯利亚”。改革开放以来，特别是小平同志发表“南方谈话”以来，我们坚定不移地贯彻执行邓小平理论、党的基本路线

和党的十四大、十五大、十六大精神，致力于建设中国特色社会主义事业的伟大实践，大力弘扬江泽民总书记充分肯定的张家港精神，抢抓机遇，开拓进取，扎实工作，全市面貌发生了翻天覆地的变化。经济持续高速高效发展，城镇化水平迅速提高，各项社会事业兴旺发达，社会更加文明安定。1992 年以来，是张家港市历史上发展最快、变化最大、取得成就最为显著的时期。从以下几组重要数据，就可以看出大发展、大变化的迅猛势头。

2003 年，全市完成国内生产总值 475.06 亿元，同比增长 19.9%，比 1991 年增长 12.9 倍，年均递增 25% 以上，人均国内生产总值 5.52 万元，按 2003 年汇率折算超过 6700 美元，跨入了世界中等收入国家水平的门槛。全年实现财政收入 66.98 亿元，年增长 55.5%，比 1991 年的 2.25 亿元增长近 29 倍。上缴国家各项税收超过 107 亿元，在全国县级市中名列前茅。其中，海关税收 77 亿元，同比增长 33.3%。全市外资企业超过 1200 家，注册外资突破 40 亿美元，实际利用外资 36.7 亿美元，同 1991 年相比增长了 200 倍。完成工业开票销售收入 1022 亿元，同比增长 36.2%；工业利税总额 72.79 亿元，同比增长 38.2%；工业利润 41.75 亿元，同比增长 39%。全市完成工业投入 142.02 亿元，增长 67.1%。完成全社会固定资产投资 180.11 亿元，增长 56.5%。在 2003 年全国县域社会经济综合发展指数百强县（市）中名列第 4 位。社会保障制度不断完善，城镇养老保险覆盖面达到 98%，居民和城市职工人均可支配年收入 17083 元，农民人均年纯收入为 6943 元，分别增长 20.2% 和 11.7%。城乡居民人均储蓄 2.41 万元，年末货款余额为450亿元，新增100亿元。

这些成就的取得，始终得到了党中央、国务院及各级领导的大力支持和关怀。江泽民、李鹏、胡锦涛、尉健行、李岚清、乔石、万里、杨尚昆、宋平、吴邦国、温家宝、丁关根、田纪云、李铁映、贾庆林、黄菊、曾庆红、李长春、邹家华、吴仪等40多位党和国家领导人曾先后到张家港视察，都对张家港的两个文明建设取得的成绩给予了充分肯定。特别是1995年5月13日，江泽民总书记亲临视察，他高度赞扬张家港两个文明一起抓的做法，称赞张家港取得的成绩是"实干干出来的，说是说不来的"，并亲笔题写了"团结拼搏，负重奋进，自加压力，敢于争先"的张家港精神。他对张家港"五句话"(弘扬创业者，支持改革者，鞭挞空谈者，惩治腐败者，大胆启用开拓者）用人方略也非常赏识（改了两个字，把"启用"改为"激励"）。

二、张家港市的快速崛起离不开三个文明的协调发展

张家港市这个地方，除了种植粮棉，粮食基本自给以外，一无特别资源，二无地理交通的特殊优势。十多年来，为什么它能够实现超常规、跳跃式发展，而且持续保持高速高效发展呢？这不是偶然的。首要的是党的改革开放的政策正确。虽然当时还没有提出科学发展观，但是回想起张家港取得的每一个成就，改革带来的每次剧变，经济发展每一次重大突破，都是始终坚持科技领先，一切都围绕发展先进生产力，一开始就坚持两个

文明一起抓，统筹经济和社会各个方面协调全面发展不动摇。张家港这方面的体会是很深刻的，主要体现在以下四个方面：

（一）坚持从本地的实际出发，找准充分发挥本地优势的发展路子

我在 1991 年底接任张家港市市委书记，以前各任的领导都很努力，张家港在发展乡镇企业、提高县域经济水平方面都取得了很大的成绩。但是在苏南还排不上位置，发展的优势比不上沿海和紧靠上海的县市。局面怎样去突破？路究竟怎么走？这个问题我一直在苦苦思考。当时我一方面深入基层乡镇做调查，向人民群众、基层干部请教，一方面带着市里的领导班子，几次南下到改革开放搞得早的广东、深圳参观学习，最后得出了一个结论：小平同志为我们指明了改革开放、走中国特色社会主义的道路，但各地怎样走出这样的发展之路，情况是大不一样的。必须找准自己的发展优势，走适合自身发展的创新之路。我们分析，张家港市自身的优势很少，单一农业经济，远离上海、苏州、南京这些大城市，没有航空、铁路和高速公路，更没有矿藏资源。唯一的优势是我们紧靠长江，有近 100 公里长的长江岸线，距出海口——上海吴淞口 140 海里，而且是个深水港、避风港，多数岸线都可以建万吨级码头。我们当时反复论证后，认为张家港只能通过开发沿江，依托长江航运成本低的优势，建设沿江码头，带动沿江经济发展，达到以港兴市的目的。但是，当时要开发沿江谈何容易，各种困难和矛盾难以逾越。最大的困难是，长江沿江码头开发这个权不在我们手中，由国家航运总局直接控制，也就是说：沿江建码头只有国家有权开发，县市根本得不到批准。而且国家来开发，地方要无条件服从，提供土地等一切保障服务。当时我们就泼天大胆，专门去当时设在武汉的长江航运局，说尽千言万语，使尽千方百计，在我们那种强烈要求发展的精神的感动下，他们来到了张家港实地考察，最后终于批准我们可以自建码头，这在当时的县市中我们是第一家。

争到沿江开发权以后，我们终于开启了以港兴市的第一扇大门。我们迅速开始规划沿江开发的总体战略，坚定地实施"以港兴市，以市促港"。但是，当时由于受到开发资金、内陆交通的制约，港口码头的开发速度受到影响。我们当时就敏锐地感觉到，光有沿江开发权，如果没有强大的经济支柱，没有坚实的后方依托，没有更好的吸引外资的政策，没有走向世界大市场的平台，沿江开发就会失去意义，失去动力，于是萌发了建设张家港保税区的念头。当初得知李鹏总理来江苏常熟开会，并且江苏省有在沿江或沿海建江苏保税区的设想，我们就抓住这一千载难逢的机遇，通过争取省委领导的关心和支持，把李鹏总理邀请到张家港来考察，力争把保税区的地址定在张家港。当时张家港的条件很差，没有一家像样的企业，没有一家像样的宾馆，更没有一条直达江边的像样的公路。当时都是泥路，胡耀邦同志来张家港市，曾风趣地形容张家港的路"车轮滚滚，尘土飞扬"。对此，我们不气馁，不自卑，实事求是地向李鹏总理说明我们的优势：一是我们是天然良港——深水港，建港成本比上海要低；二是我们有苏锡常广阔的腹地，周边经济发达；三是这里是区港合一，综合效益好。李鹏总理很了不起，不顾条件艰苦，一路颠簸，踏过芦苇荡，站在江堤上仔细视察询问了一番，最后对我说："要把东边的河挖挖深，把西边的路筑筑宽。"我千方百计请李鹏总理题个词，可当时没有停歇的时间。后来李鹏总理回北京后，通过江苏省委的领导，把"张家港保税区"的题字送到了张家港市。这样，江苏省保税区就正式定位于张家港市了，这是张家港发展史上惊天动地的大事，我们张家港市迎来了大开发、大发展的春天。我们用了不到三个月的时间，完成了保税区内1800多户人家的拆迁，用了不到半年的时间完成了区内的五通一平工作，用了八个月左右的时间就正式可以封关运行了，创造了当时有名的"张家港速度"。

保税区建成了，可是国务院的正式批文还没有下来，当时几个亿已经投入进去了，此事不落实真令人寝食不安。时值党的十四大召开，我利用党代会开会期间，把张家港市委30多位领导搬到北京现场办公，请国务院相关的一些领导，一个一个亲自批阅好文件。十四大结束，经各位副总理签署的国务院批准建立张家港保税区的文件正式发了下来。

有了沿江开发权，有了保税区，张家港市的发展思路就出来了，这就是：沿江带动，同国际经济接轨，以保税区为龙头，三区二园为依托，农村城市化，城市现代化，港口国际化，城乡一体化。现在张家港在沿江已建成了40个万吨级码头，开通了18条国际航线。2003年，货物吞吐量超过4500万吨，集装箱运量24.7万标准箱，世界上500家最大的国际大公司、大企业集团有十多家来我市沿江投资建项目，建办了韩国浦项、法国毛条、德国毛纱、美国雪佛龙化工和陶氏化学、马来西亚东海粮油、日本光王电子和不二制油、中国台湾统清食品等112家投资在3000万美元以上的大项目。经过几年来坚持不懈的努力，我们现在沿江崛起了扬子化学园和以沙钢为核心的沿江冶金工业园，沿江正逐步成为港口物流基地、张家港市的制造业中心和高新技术产业中心。由于保税区优势的逐步展现，这里成为吸引国外大财团、大集团投资，吸纳有识之士前来兴业创业的最佳环境。目前，全市90%以上的新办项目都集中在保税区等各类园区，为张家港市在更高平台上崛起、腾飞奠定了基础。

（二）坚持弘扬张家港精神，敢于抢抓机遇促突破，科学发展上水平

我们把过去不敢想、不敢做的事，做成了，办到了，走出了自己的发展之路。靠的是什么法宝呢？我们靠的是邓小平理论，靠的是坚持以人为本。事业成败，关键在人。人靠精神，人是生产力中最宝贵的因素，人身上蕴藏的潜力和创造力是巨大的，关键在于如何科学地激发、挖掘。我们正确的发展思路确定以后，始终不渝地抓人的思想解放，弘扬张家港精神。

江苏省委常委、苏州市委书记王珉在总结苏州改革开放经验时，称苏州的腾飞有三个法宝：即张家港精神、昆山之路、亲商理念。他把张家港精神这一时代创业精神列为第一条。张家港精神是张家港市的发展之魂、力量之源，是一笔极其宝贵的精神财富。张家港精神来源于杨舍精神。我在杨舍镇当了14年的书记，杨舍镇在20世纪80年代的短短几年中，从苏州县城镇中的小弟弟一跃成为苏州各镇的排头兵、省级文明单位，

并跨入了“全国乡镇百颗之星”行列，跃居全国乡镇第7位。在改变杨舍镇面貌的过程中，杨舍镇干部群众表现出了“为官一任、造福一方，顾全大局、乐于奉献，扶正祛邪、敢于碰硬，雷厉风行、脚踏实地，严以律己、以身作则，自加压力、永不满足”的创业精神，成为杨舍镇两个文明建设年年跨大步的强大精神动力。这种催人奋进的时代精神，称之为杨舍精神（后来苏州市委称之为振华精神）。到市里工作后，适逢“南方谈话”发表，我敏锐地意识到，一个大发展的机遇已经来临。而经济要腾飞，思想要先行；要抓住机遇，必须从进一步解放思想、振奋精神抓起。于是市委在对杨舍精神进行概括、凝练、升华的基础上，提出了“团结拼搏，负重奋进，自加压力，敢于争先”的张家港精神，并用它来教育人、塑造人、鼓舞人、激励人，使之成为团结全市人民不断夺取两个文明建设胜利的一面旗帜，成为我市的市魂。

1992年初，我们冷静地分析了全国的经济形势以及周边县市的发展态势，果断地喊出了“三超一争”的奋斗目标，这就是：工业超常熟（常熟当时在苏州市各县市经济总量居第一），外贸超吴江（吴江外贸出口连续九年是江苏的冠军），城市建设超昆山（昆山是经国务院批准的自费开发示范县），各项工作争第一。喊响这个口号，我们不是头脑发热，搞什么形象工程、政绩工程，当时的动机就是一个：展开竞争，发挥人的最大潜力，通过拼搏，加快老百姓致富的步伐。这个口号一喊响，真是石破天惊，把苏南的一池春水给搅动起来了，也把我们自己推上了破釜沉舟背水一战的境地。当时攻击我们的有之，不服气要比一比的更有之。也有人劝我们不要锋芒毕露，做众矢之的。我们顶着巨大的压力，并把这种压力转化为全市83万人民埋头苦干、艰苦创业的动力，是非让历史和人民群众去评说，我们是咬住青山不放松，一门心思抢发展。在当时财政收入只有2亿元的情况下，我们只用了9个月的时间，投入6亿多元建成了张家港保税区。只用了不到两年的时间，投入了3亿元建成了70米宽、6车道、33公里长的张扬公路；45公里长的沿江公路。投入3亿多元建成了全国第一条步行街；投入2亿多元建成全国第一所县办大学沙洲工学院和梁丰高级中学。到1994年底，仅仅奋斗了两年时间，江苏省统计的各项数据表明，我们的经济总量、税收、外贸出口、外资引进等均在苏州市处于领先水平，而且成为江苏省第一家全国卫生城市，文化、体育、教育等28个部门的工作都被评为全国先进。我们实现了“三超一争”的奋斗目标，做成了大事，开创了大业。

1995年春，江苏省两个文明协调发展的经验交流现场会在张家港召开，树张家港为全省的典型；接着全国的精神文明建设座谈会又在张家港召开；1995年5月13日，江总书记又亲自来张家港视察。其后，胡锦涛同志等中央绝大多数国家领导人也都曾来张家港视察。我陪胡锦涛同志视察了半天，在我作了汇报之后，胡锦涛对张家港市充分肯定了三条：一是张家港实践邓小平同志建设有中国特色的社会主义理论，贯彻党的基本路线、基本方针坚决、全面、正确，善于把党的正确路线、方针、政策与张家港的实际结合起来；二是张家港广大干部群众有良好的精神状态和扎实的工作作风，尤其是发扬了张家港精神；三是张家港市各级领导能够以身作则，说到做到，给群众带了好头，做出了样子，在改革开放和现代化建设的实践中，张家港人创造总结了张家港精神。这些都给我们以极大的鼓励。

为什么在中央宏观调控的大背景下，张家港市能够做到快速、高效、跳跃式发展？我们在奋力拼抢的1993、1994年，中央宏观调控的政策已经层层传达，但有些人对中央精神理解不深，形而上学，错误地认为宏观调控就是要下，步子要放慢。我们冷静地分析了形势，认为中央的政策对全国这个大局来说完全正确。但是我们必须用辩证的、发展的眼光来认识中央的政策，小平同志讲发展是硬道理，这是时代的总趋势、总要求，而且要管几十年。在宏观调控的形势下，更要求我们抓住机遇，实现健康发展、科学发展、高效发展。要不断研究新情况，解决新问题，抓好新机遇。我们要求各级干部牢固确立“不争不抢是庸人，错过时机是罪人，创出业绩的是能人，全面发展的才是真人”。为避免片面性和盲目性，我们在全市组织大讨论，大家认为调控是控劣不控优，控内不控外，控差不控好。凡是坚持科学发展、全面发展、协调发展、经济效益好、产品设备优和外资外贸企业的发展不仅不能控，而且是发展得越多越好，越快越好。而那些高投入、高消耗、高污染、低效率的增长方式则必须坚决纠正。从这个角度看，宏观调控不仅不是刹车杠子，而应该是我们发展高科技产业，提高水平，提高质量，提高效益，努力实现速度与结构、质量、效益相统一的良好的发展机遇。于是我们连续开了几个几千人的大会、几个经济大投入的现场会，明确提出：抓住调控，苦练内功，科教兴市，科技强市，提高科技内涵，优化经济结构，走出一条科技含量高、经济效益好、资源消耗低、环境污染少、人力资源优势得到充分发挥的临港经济新路子。我们提出每年的技术改造投入不少于40亿元，引进外资不能低于3亿美元，这在当时是一个很惊人的数字。就是抓住宏观调控的最佳时机，我们总投入70多亿元的200多个超千万元、科技含量高的大项目，全部竣工投产。引进外资、兴办三资企业数在全省各县中名列前茅。就是在这两三年中，张家港市的所有乡镇企业引进国内外先进设备和技术，均完成了两次以上的技术改造，其中光是引进国外先进技术和设备用汇就达6.5亿美元，土鸡一下子变成了金凤凰，而且培育了一批核心竞争力强、拥有自主知识产权和知名品牌的大公司、大企业集团，提高了企业竞争力。

像沙钢集团，是1975年贷款45万元兴办的小轧钢企业，到1992年底的时候，也只是个生产普通钢窗料的小企业。这个厂的老总沈文荣非常有经营头脑，他就认为宏观调控是中小企业调优调强调洋的最好机遇，他规划每年都投入十个以上科技含量高的项目，总投入都超过20个亿。最近十年中引进了国外先进设备和技术的四个大项目为：1991年从英国引进国内第一条短流程连铸连轧生产线；1993年从美国、德国、瑞典引进90吨超高功率轧钢线，总投入30亿元；1994年又同韩国浦项合资引进不锈钢和镀锌板项目，三期共投入10亿多美元；2002年又投入60亿元收购了德国一家老牌的克虏伯钢铁企业，全部运到张家港组装，形成100万吨不锈钢圈板生产能力。2003~2004年间又投入150亿元，上了转炉炼铁、电炉炼钢、炼焦、自办发电厂等项目，部分钢板出口国外。这个厂2003年年销售额达203亿元，预计2004年销售可达300亿元，利税

30 亿元，2005 年销售可望达到 500 亿元，利税 50 亿元，成为苏锡常地区年销售最大的企业。到 2005 年，年销售额将进入全国超大规模钢铁企业八强。

同时我们又注重形成一批小而强、小而精、小而专的中小企业群，发挥了中小企业在活跃城乡经济、扩大就业、满足群众需要等多方面的功能，增加了地方财政收入。如华尔润玻璃厂，1984 年兴办时，只是一个四机窑的乡镇企业，是请上海的技术人才来做星期天工程师创办起来的。但是这个企业的几任领导，特别是陈惠南厂长，抓住每一个发展的机遇，不断地扩大投入，积极拓展市场。2003 年的玻璃年产量达 2500 万重箱，销售达 15.1 亿元，是秦皇岛和洛阳两家国内大型玻璃厂产量的总和，在国内位居第一。

弘扬张家港精神，敢于出手拼抢，首先是领导要确立执政为民、富民为本的意识。我是 56 岁才当市委书记的，我的最后一站，就是要奉献给张家港人民。我不求做大官，只求为人民干成几件大事。当时在宏观调控的形势下，我们顶着巨大的压力，继续推进改革开放。社会上对我的谣言很多，到省里开会，有些过去的朋友也不跟我讲话了。我们心里很坦然，发展是硬道理，没有经济实力就没有地位，没有外向度也就没有知名度。我们紧紧抓住大项目，特别是国批的大项目不放。这些大项目的科技含量都比较高，决定着张家港未来发展的命运和主旋律，也是造福一方百姓的根本所在。纵然有天大的困难，我们也要把它们拿下来。我们把中央 43 个部长、副部长，恭恭敬敬请到人民大会堂，召开新闻发布会，向中央的部长们汇报我们的情况。中央的领导听了我们的汇报，非常满意。然后又请96个司局长参加我们的北京汇报会，他们纷纷讲话支持我们。我们张家港在全国第一家获得进出口贸易自主权，就是当时外经贸部李岚清部长在听了我们的汇报之后公开表态批准的。我们就是靠了这种顽强的意志，百折不挠的勇气，无私无畏的精神，也靠了中央各部委领导对我们坚持科学发展的支持帮助，战胜了重重困难，迎来了跳跃式、超常规、科学协调发展的好形势。

（三）坚持以人为本，把维护和实现最广大人民的根本利益体现在领导发展的各项工作中

我们在建设现代化新港城过程中，敢挥大手笔，开创大事业，全市上下轰轰烈烈，气势恢弘。虽然遇到了各种尖锐的矛盾，但人民群众都是拥护我们、支持我们的。全市上下一呼百应，市委、市政府一个声音喊到底，具有很强的凝聚力。这是什么原因呢？归根结底，我们坚持了以人为本，深入体察人民群众的意愿，切实把维护和实现最广大人民群众的利益体现在市委的各项方针政策、各项部署中，落实到经济发展的各个方面。具体做到“三个统一”：

一是统筹城乡发展，把推进现代化城镇建设与提高人民生活质量和谐统一起来。我们张家港市原来是一片农村，只有集镇，没有城市。要建设什么样的城市呢？市委反复研究、参观、论证，大家认为，不干则已，要干就要创一流，响亮提出：要高品位，高档次，高科技，50年不落后。每一个建筑都要精心设计、精心施工、形成特色，成为经得起历史检验的精品工程、民心工程。城市的生态设施也要与国际港口城市接轨，实现可持续发展。近十年时间，市区共拆除旧房600多万平方米，新建房屋2500多万平方米，市区城区面积由原来的5.6平方公里扩大到26平方公里。最近又撤镇建区，城市规划面积拓展到46平方公里，形成了人民中路行政区和长安路、步行街、美食街等商贸三产特色区。市区完成了二环路、沙锡路、港城大道、沙洲路等17条道路的建设改造。我们大力宣传生态环境保护和建设的重要性，提出要建设"绿色张家港"、"生态张家港"、"文明张家港"，营造爱护环境、保护环境、建设环境的良好风气，加大从源头上控制污染的力度。所有企业都从市区搬出，老城区改造只拆不建，大搞绿化，市区绿地率36.5%，绿化覆盖率40.2%，人均公共绿地面积10.6平方米，充分体现了城在园中、园在城中的生态城市形象。全国各地来张家港市参观的人评价说：这里白天看像新加坡，晚上看像小香港。我们在全国第一个搞文明步行街建设，这条约638米长的步行街，集商业、文化娱乐、休闲于一体。党的十五大召开时，中央指定我们把步行街的模型送到人民大会堂大厅向与会代表展出。后来全国许多城市，也都搞起了高标准的步行街。

二是统筹经济社会全面发展，把落实富民政策与提高城市管理水平、提高市民素质有机统一起来。在推进城市化进程中，我们同样遇到了失地农民进城以后的生活问题、城镇拆迁中政策落实的问题等，一句话就是做大城市过程中怎样把农村变城市，把农民变市民，真正实现城乡一体化。我们要求市、镇两级干部在推进城市化，做大、做强城市的同时，做到四个同步、四个坚决，即在征用土地的同时，同步做好失地农民的就业，绝对做到有劳动能力的全部安排就业，坚决纠正征地过程中侵害农民利益的问题；在城镇拆迁过程中，同步做到先安置再拆迁，同时按规定落实拆迁政策，坚持纠正官僚主义；农民进城以后，同步落实社会保障和解决特殊困难群众生产生活问题，坚决纠正对农民和职工合法权益不顾不问的问题。我们最早在城市中落实每个居民都参加社会保障和农民的农保转城保工作，最早落实城市最低生活保障线的工作；农民进城的同时，同步落实免费培训再教育工作，让农民纠正落后习气，遵守文明城市规则，学会再就业的各种本领，坚决纠正只放不管、只收不教的自由主义，让农民在不断提高素质的基础上，成为有活力、有觉悟的新兴市民。正是因为我们对人民群众有着深厚的感情和高度负责的精神，所以老百姓支持我们推进城市化，而且我们也确实在推进城市化过程中，为老百姓造了福，让他们得到了很多的实惠，人们真心支持我们，拥护我们。我退下来以后，每年春节前老百姓都寄给我数不清的贺年片，上面写上一句句心里话，向我祝福。这么多年来，从没有人找我解决以前我在任时遗留下的问题。我们在城市化每一项工作中，都得到了人民群众高度自觉的配合，并发挥了积极性、创造性。近几年来，张家港市先后获得“全国卫生城市”、“全国城市环境综合整治优秀城市”、“全国绿化造林先进城市”、“国家园林城市”等荣誉称号，并荣获“中国人居环境范例奖”。我本人也荣获“全国综合环境整治领导干部奖”、“全国绿化勋章”、“中华人口奖”。

三是统筹人与自然的和谐发展，把推进经济建设同政治建设、文化建设、环境建设统一起来。在推进城市化进程中，我们彻底改变以牺牲环境、破坏资源为代价的粗放型增长方式，不以牺牲环境为代价去换取一时的经济增长，根据自然的承载能力和承受能力规划经济社会发展。我们响亮地提出“既要金山银山，又要绿水青山”，实行“三个一”（一把手负总责、授予环保部门项目第一审批权、一票否决制）。凡是污染项目，即使出金子也不搞。近几年来，致力于建设水源清洁、空气新鲜、环境优美、人与自然和谐相处的生态城市，投入资金几十亿元，关停、治理了一批污染企业和污染河道，使大气、噪声、饮用水质等环境质量指标均达到优良水平，实现了经济发展和人口、资源、环境相协调，走出了一条生产发展、生活富裕、生态良好的文明发展道路。1996 年张家港市成为全国首家“环境保护模范城市”。1996 年，李鹏委员长请来了美国、西欧等一批首席部长、国外专家来张家港市考察，这些外国专家对张家港市经济社会、环保水平如此快速发展都大为吃惊。我说：“我们这里是中国农村、中国特色”，他们说：“你们 5 年做到的，我们 50 年也不行”。2004 年 4 月 8 日，原国务院总理朱镕基来张家港视察，他看了步行街等地方后，非常高兴。对张家港市的三个文明建设非常肯定，表扬张家港发展很快，环境很美，步行街很出色。

（四）坚持执政为民，建设好一个既有执政能力又深得民心的强有力的领导班子

一个地方要真正搞上去，说到底，要有一个具有创造力、凝聚力、战斗力的领导班子。这个领导班子必须真正贯彻“三个代表”重要思想，把积极进取精神同科学求实态度自觉结合起来，求真务实干实事、干大事，具有很强执政能力。这样，才会得到人民群众的拥护、支持，大发展、快发展才会有深厚的群众基础。我体会有这样三条是领导班子必须要做到的。

一是始终坚持党的先进性。坚持党的先进性，就是坚持做到讲学习、讲政治、讲正气，树立和落实科学发展观，富有创造性、进取性。我们体会关键在领导班子，核心是一把手，“一把手抓两手、三个文明都要硬”。我们认为，经济建设和精神文明建设是密不可分的有机整体，就经济抓经济，是不懂经济的表现，最终也是抓不好经济的；抓好精神文明建设也会出生产力，市场竞争不单是经济实力的竞争，而且是人的素质的竞争。只有以人为本，不断提高人的素质，才能内增凝聚力、外增吸引力、提高向心力、发展生产力。所以我们当时考核领导班子、考核干部，就是既看GDP等经济指标，又要看精神文明指标、社会指标、人文指标和环境指标；既看当前变化，也要看可持续发展；既要看经济的增长度，还要看人民的满意度。像计划生育、环境保护、社会治安，我们都实行一票否决制。这样做就是教育我们的党员干部要重实干，办实事，求实效，各项工作都要经得起实践和历史检验。在我上任之前，张家港市的计划生育、环境保护等工作都排在苏州市的最后一位。我们像抓经济工作一样，大胆抓了两年，这些落后的工作都跨入了苏州市先进行列，而且在全国有了一些名气，联合国也进行了表彰，全国的现场会都放到张家港开。坚持党的先进性，还要确立鲜明的用人导向。我们按照“弘扬创业者、支持改革者、鞭挞空谈者、惩治腐败者、激励开拓者”的用人方略，建立健全竞争激励和淘汰更新机制，以发展论英雄，凭实绩用干部，靠德才坐位置，不唯文凭看水平，不偏学历看能力，不凭资格看真格，重用了一大批思想开拓、敢创大业、吃苦在前、乐于奉献、成绩突出的能人、新人，用现在的话讲，就是重用那些有本领、素质好、政治上靠得住的干部，果断调整了一批思想保守、工作平庸的领导干部。实践证明，选好配好一个“一把手”，就能带动一个班子，振兴一方经济，富裕一方群众，保障一方平安。沙钢的董事长沈文荣，现在是全国人大代表、全国劳动模范。我一上任就把沈文荣树为全市共产党员学习的典型，全面弘扬他的创业业绩。他敢创大业，永不满足，无私奉献。经我们提议报苏州市委批准，破例将沈文荣提拔为市政协主席，之后换届时又调任市委副书记，但他的主要精力还在厂里，继续主持钢厂工作，所以沙钢多年来一直保持着旺盛的发展势头。我们还有计划地组织和安排干部到薄弱村的基层一线去经受锻炼和考验，把他们中的优秀人才及时选拔到各级领导岗位上来。

二是始终保持求真务实的思想作风。市委把提高干部队伍素质、改进领导干部的作风作为加强党的作风建设的关键来抓，要求各级领导干部，都要注重提高素质，忠实实践“三个代表”重要思想，坚持为民、务实、清廉，牢固树立“为官一任，造福一方”的思想，坚持用是否服务于人民、造福于人民，是否遵循客观规律和科学规律，是否推动经济和社会协调发展，是否对子孙后代负责，作为想问题、办事情、做决策的依据，不断提高执政能力和执政水平。我们既提倡敢闯、敢冒险、敢突破，更要求重实干、办实事、求实效。我带头深入实际，而且不同基层打招呼，直插田头、车间做调查。很多同志每天工作十几个小时，满负荷、超负荷工作，一切讲效率、讲效益。用我们的话说，“事业兴旺，身体健康；工作紧张，心情舒畅”。绝大多数领导干部都能严格要求自己，做到“心底无私天地宽”，“无私才能无畏”。坚持工作上高标准，生活上低要求，自觉遵守各项纪律。我是非常重视加强党内生活原则性的，认真开展批评与自我批评，并形成制度，对思想作风建设上存在的问题敢于动真碰硬，眼睛容不得半粒沙子。我们的常委会及领导班子会议经常开成民主生活会，有什么问题都是立即纠正从不拖延。此外，我们要求各级班子经常开展积极健康的思想斗争，敢于面对面开展批评与自我批评，坚决反对好人主义。我当书记时，当时班子中个别领导在住房问题上搞特殊化，我就在常委会当面批评了他，立即进行纠正，丝毫不含糊。所以在我当书记的六年多时间里，严抓严管，不徇私情，我们班子里及基层主要领导，没有出现过违法乱纪、贪污腐败被处罚判刑的，是过得硬的。领导之间有什么问题，都能开诚布公。可以说当时张家港人凝聚力、号召力那么强、上下能万众一心、一个声音喊到底，这与我们班子内部天天都在过民主生活、天天都有批评与自我批评有很大关系。相互之间不管有什么意见，都能当面讲清，不讲个人情面，不计个人恩怨，使许多复杂的问题得到及时妥善处理。

三是始终坚持人民的利益高于一切。我们在拼抢机遇、超常规发展过程中，遇到的各种矛盾很多，有的时候很尖锐。但是我们妥善处理，人民群众很理解很支持我们。什么原因呢？因为我们处理问题的立足点，不是图好看，不搞劳民伤财的形象工程，不做表面文章，立足当前，着眼长远，不急功近利，一切都为老百姓着想，一切都要对子孙后代负责。大家都一心做实事、创大业，主动把自己推向风口浪尖，不留后路，而且工作快节奏、高效率，既雷厉风行，又严谨细致，务求实效。保税区在三个月时间拆迁 1800 多户人家，当时我们的资金非常紧，但纵有天大的困难，老百姓的拆迁补偿费，我们做到一分不少，全部兑现。而且是政府先把房子造好后，再让老百姓搬进去住。得知一个特困家庭拆迁后子女上学有困难，我在年三十收到这封来信，连夜通知班子领导开会，专门研究这封来信，连夜上门去做好安置工作。这件事老百姓很感动，对我们干部也是深刻的教育。我们要求领导班子自觉做到思想上尊重群众，感情上贴近群众，行动上深入群众，工作上领先群众，生活上关心群众，想群众之所想，急群众之所急，办群众之所盼。我每年要开十几次现场办公会，对群众关注的重点、热点问题，直接抓在手上。对人民来信，坚持每封都亲自阅处（每天二三十件），而且件件有批示、封封有回音，及时为民排忧解难，做群众的贴心人。

历史和现实都表明，要进行伟大的创业，必须要以良好的思想作风做保证，适应新形势，完成新任务，实现新发展，党员干部特别是领导干部，一定要树立一个好的作风，保持一种奋发向上的精神状态，确立不怕吃苦、乐于奉献的志向。有了这种思想和作风，就一定能够带领群众把一个地方搞上去，切实体现“三个代表”重要思想。

从现在起到今后一段时期，既是张家港市大有可为的战略机遇期，也是落实科学发展观、加速经济社会全面转型的关键时期。我们将紧紧围绕建设现代化中等城市的目标，突出“转型、加速、协调”的主题，以富民强市为根本目标，以加快发展为第一要务，以增强综合竞争力为工作重点，把张家港打造成长江三角洲一个富有特色和竞争力的港口工业城市，一个富有内涵和独特个性的生态园林城市，一个富有精神和文化底蕴的文明法治城市。

中俄战略协作伙伴关系的历史

JING YONG LI
旌勇里国史讲座
GUO SHI JIANG ZUO

主讲：［俄］季塔连科

作者简介

[俄] 季塔连科

俄罗斯科学院远东研究所所长、通讯院士、哲学博士、教授，中俄友协主席。1957 年毕业于莫斯科大学哲学系。1961 年毕业于北京大学和复旦大学。1985 年起任俄罗斯远东研究所所长。主要研究领域：中国哲学史、亚太地区国际关系。主要研究成果：《全球政治趋势及其对亚太地区国际形势的影响》、《中国共产党 70 年：经验与教训》、《冷战之后》、《中国哲学与中华文明》、《中国现象》、《俄罗斯在亚太地区的国家利益》、《中国哲学与中国文明的未来》、《邓小平的事业与纪元》、《中国改革：俄罗斯的榜样，还是挑战或威胁？》、《中国：文明与改革》、《中国改革与俄罗斯》、《中华人民共和国：政治、经济、文化》（主编）、《在全球世界中的俄罗斯、中国、印度》、《中国与全球化》。

一、中俄睦邻友好的历史、意义及两国战略协作的主要方面

中俄两国关系史大约有400多年。俄罗斯科学院远东研究所已出版了一部多卷本的中俄关系文件集，共7卷（从17世纪至20世纪），现在准备接着出版抗日战争时期和中华人民共和国成立前10年的两国关系文件集。中俄关系的发展中曾出现一些戏剧性的历程——相互间的疏远、争吵甚至局部武装冲突，但这些按照历史的标准来讲还是比较短暂的。从整体上看，两国关系史仍可定义为一个和平共处的历史，一个寻求相互理解、扩大合作渠道的历史，一个有着建设性对话以及相互学习、相互帮助、为世界和平与安全和建立公正的国际秩序而奋斗的历史。在中俄关系史上，两国之间有许多相互帮助和在精神上相互丰富的时期；两国不仅是为自己的国家、而且是为全世界来共同寻求建设一个更为公正的国际秩序。中国和俄罗斯——两个伟大的国家和人民——曾共同努力把全人类从法西斯军国主义和殖民主义的枷锁中解放出来，为这个事业做出了巨大贡献，从整个世界历史角度来讲，很难再找到这样的例子。一般有种说法，政治是肮脏的，但是在中俄两国关系史上却充满了反映两国文化、科技、艺术和文学间合作及人民间真挚友谊的例证，所以值得大书特书。

中俄睦邻友好合作关系是经历了风雨的，在“文化大革

命”时期甚至经历了血的考验。我们真心地高兴，两国间疏远和敌对的那个阶段已经成为历史。中俄学者为探讨导致两国关系戏剧性局面的原因做了大量的研究，经过共同努力，认识和总结了过去这种悲剧性曲折关系的教训。这一点也为两国恢复睦邻友好关系创造了非常好的精神上和政治上的气氛，促进两国迅速从一般的和平共处的睦邻关系发展到战略协作伙伴关系。这个战略协作伙伴关系是在2001年7月16日于莫斯科签署的《中俄睦邻友好合作条约》中，以法律形式确定下来的。从这个意义上讲，中俄两国关系发展的速度及其存在的法律形式，在国际关系史上可以说是史无前例的。中俄两国极大地丰富了国际法及联合国的原则，也创造了一些新的概念和术语，比如说“战略伙伴关系”、“战略协作关系”等。

当前的国际形势是在苏联解体及一霸超强的背景下产生的。美国的政治精英没有任何人道主义的文化传统，他们的原则只有一个，即粗暴地践踏国际法，以暴力来达到自己单方面的利益。美国这个超级大国的战略目标，就是要在全世界建立起符合其政治价值和公民价值的体系。他们已经成功控制了经济全球化的趋势，并借助这个强有力的杠杆，企图把全世界美国化，使其他所有国家和人民屈服。他们打着打击恐怖主义的旗号，到处挑起冲突和对抗，而针对的对象正是其所不满意的那些国家。为了破坏文明多样性，美国人提出并正在付诸实施一个对抗性的文明冲突的战略。在这种情况下，我们这个时代的两大主题——和平和发展，遇到了非常严峻的挑战，并且可能会受到一些外部力量的影响。我们学者对此应进行深入和严肃的研究，并且要考虑那些政治事件的具体背景。

中俄建立战略协作伙伴关系和睦邻友好关系，不仅是有远见的，而且在政治上是对两国在安全、领土完整和主权方面面临的挑战所做出的适当回应，在世界面前也开辟了和平共处与互利合作的另一种选择路径。从这个意义上讲，中俄战略协作伙伴关系不是一个空洞的宣言，而是在各个领域的具有不同历史阶段性的历史活动的结果。在两国关系中，战略协作体现在很多方面，主要包括：(1) 两国关系已从法律上得到界定。最高形式就是2001年签署的《中俄睦邻友好合作条约》。(2) 两国已经建立并有效运作着一个多层次的对话机制。除经常举行国家元首会晤、政府首脑会晤以及部门之间的会晤，还建立了两国人民和社会团体之间交往的机制。(3) 为了扩大两国公众之间的相互理解，中俄决定分别在本国举行“2006俄罗斯年”和“2007中国年”的活动。这个活动将会极大地扩大两国合作的社会基础。(4) 两国旅游交流增长比较快。2005年，有40万中国游客访问了俄罗斯，有200万俄罗斯游客到中国来。中国的北戴河、三亚等地已经替代了克里木半岛和格鲁吉亚的一些地方，成为俄罗斯远东和西伯利亚居民非常喜欢的度假胜地。(5) 两国经贸合作的增长速度非常快，年均增长达30%~37%，2005年的双边贸易额接近300亿美元。近期，两国政府又经谈判决定加快相互间铁路和石油天然气管道的建设，以大幅度扩大在能源领域的合作，并签署了由西伯利亚向中国提供电力的协议。两国还扩大了在汽车制造方面的合作，中国现已在俄罗斯建立了汽车装配厂，此外，在航空、宇航和通讯领域里的合作也有了发展。所有这些使两国领导人能够提出非常现实的发展目标，即在2010年将双边贸易额提高到600亿~800

亿美元。(6) 俄罗斯科学院与中国社会科学院及其他几个研究所，如当代中国研究所、俄罗斯东欧中亚研究所之间的合作是非常富有成效的。两国在宇航、核能、遗传学、生理学、地学以及环境方面进行的共同研究，也具有非常重要的意义。(7) 两国在文化教育领域的合作，具有非常广阔的前景。(8) 两国在军事领域进行着非常密切的和具有高度信任的合作，并增添了新的合作形式。2005 年，中俄在山东半岛和黄海水域举行了两国历史上的首次联合军演。

二、两国学者在保持、深化中俄战略协作伙伴关系中的作用和任务

中俄战略协作伙伴关系的保持和深化，给两国的社会科学工作者提出了一些非常重要的任务。

第一个任务是与传媒合作，促使两国彼此形成一种客观、友善和相互尊重的态度和看法。我们都承认，虽然中俄战略协作伙伴关系建立起来已经有十多年了，但两国人民间的相互理解还很不够。老一代的人用 20 世纪四五十年代苏中友谊的模式来看待目前的两国关系；中青年一代对两国关系的了解又非常零散，甚至是扭曲的。中俄举办“国家年”活动的主要目的，就是为了填平目前两国高层领导人间的高度信任和一般公众间的偏见之间的巨大鸿沟，从而扩大和加深两国睦邻友好合作关系的社会基础。中国的“俄罗斯年”包括各种各样的数百项活动，以使中国公众了解和认识俄罗斯的现实生活情况，以及在经济、教育、科学、文化等各领域的成就和存在的问题。

根据两国政府批准的计划，要举行 268 场大型活动。俄罗斯各地区、各部门以及社会团体都在华举办大规模的活动。

“国家年”活动也为中俄两国学者显示学术界的创造性作用带来了一个非常好的机会。在加深两国间客观而友好的了解和认识、促进两国战略协作伙伴关系的发展方面，远东研究所、当代中国研究所、俄罗斯东欧中亚研究所可以发挥积极作用。从 2005 年到现在的短短时间里，远东研究所已出版了 3 本基础性的研究专著，即《俄罗斯与中国——全球化条件下的合作》、《俄中关系现状与前景》以及今天首发的《中国—俄罗斯 2050：共同发展战略》，这本书概括了中俄 2001 年签署《中俄睦邻友好合作条约》之后的发展经验。

2006 年 3 月，俄罗斯总统普京访问中国，并同胡锦涛主席签署了一些重要文件。两国元首表示，要将继续加强中俄关系作为两国外交政策的优先方向，并同时强调在 3 月 21 日签署的《中俄联合声明》具有纲领性的作用。以往处理两国关系主要是依据和平共处五项原则，如今这个联合声明在此基础上又补充了一些新的原则——“坚持相互尊重、平等相待、相互支持，努力增进政治互信；坚持优势互补，互利互惠，立足长远，谋求共同发展；坚持协调配合，深化战略协作，创造良好国际环境；坚持相互借鉴，扩大人文交流，巩固友好的社会基础。”联合声明最后还强调指出，双方将继续加强在外交领域的协调、加深战略协作，目的是创造一个良好的国际环境。联合声明的另一个内容也引起了人们的广泛注意，即中俄两国支持加快建立中、俄、印三方合作机制，认为这将有助于更充分发挥各国的经济发展潜力，增强国际社会应对新威胁和新挑战的能力。两国再次重申，中俄战略协作伙伴关系并不针对任何第三国，它只是反映了两国努力捍卫自身合法利益、加强国际安全和促进共同发展的立场。尤其值得强调的是，联合声明还高度评价了两国签署的解决边界问题的协议，因为这个事实彻底攻破了“中国威胁论”的说法。

第二个任务是对历史进行正确的学术考证。中俄是两个具有丰富的历史传统和文化传统的大国，在解决这样或那样一些问题的过程中，不可避免地会在立场、观点或具体利益上发生分歧。正确解决这些分歧的做法就是要立足于两国的睦邻友好合作关系。中苏关系分裂和恶化的历史，使我们可以得出这样一个结论，即随着两国关系的发展和扩大，在一些具体问题上出现分歧或利益冲突，完全是一种自然的现象，关键是要像中国所说的那样，把它当作是“人民内部矛盾”来解决。而正是由于认识到了历史的教训，最近10年两国关系的发展才比较顺利。

当谈到中俄领导人和高层之间的相互理解和信任时，可以说情况非常好，让人感到充满信心；另一方面，在让两国社会公众之间充分、客观地了解对方的政治和人民生活等状况的层面上，则需要做出根本的改变，尤其是在俄罗斯。举办“国家年”的活动就旨在解决这一问题，两国媒体也应发挥重要作用。

远东研究所除对中国改革、发展、现状等方面进行研究、出版相关学术专著外，还经常向国家领导人作报告，并向媒体作介绍。在远东研究所出版的《远东问题》杂志，以及俄罗斯科学院东方所、国际关系学院、莫斯科大学等其他一些学术机构和高校的出版物中，关于中国问题的文章，其评价总体上是客观的。但遗憾的是，这些文章不能为广大的公众所看到。由于财政方面的困难，这些学术杂志的发行量非常小。例如，《远东问题》杂志在苏联时期发行量为5万册，而现在只有2000册。

2006年，俄中经贸合作中心创办的杂志——《21世纪的俄罗斯与中国》开始在俄罗斯出版，而俄罗斯目前还没有一个用中文出版、面向中国读者的杂志。在经历了一个短暂的停滞之后，中国开始积极地开展了一些工作，近年已恢复出版了俄文版《中国画报》，哈尔滨出版了俄文版杂志《伙伴》，牡丹江出版了俄文版《中俄经贸时报》。中国还经常播放一些苏联和俄罗斯的电影，演出俄罗斯的话剧，拍摄了连续剧《钢铁是怎样炼成的》、《这里的黎明静悄悄》等。但是俄罗斯的传媒在这方面做得很少。俄罗斯发行量较大的一些杂志绝大多数没有在中国派驻记者，对中国报道要么很少、要么相当不客观，这也是俄罗斯文化传媒商业化的一个直接后果。俄罗斯国家杜马外事委员会主席科萨切夫曾指出，在有关中国在俄罗斯远东地区的存在的问题上，俄传媒经常发出扭曲的、完全不客观的信息。我们很清楚，是什么人、什么国家在背后出钱支持发表这类文章。这里想说的一点是，俄罗斯人对中国的兴趣是非常浓厚的。尤其令人高兴的是，年轻一代也对中国十分感兴趣。俄罗斯所有大的大学都有汉语教研的系科。中国的太极拳、武术等健身活动在俄罗斯也非常流行。普京访问少林寺以及他的女儿学习汉语，都对这种氛围产生了好的影响。

历史学家和社会学家应承担的第三个重大课题和任务是，我们在研究过去的一些局部性冲突时，应坚持一个具体的历史的立场，不能把今天的评判标准用于对过去历史事件的评价，不能在评价历史事件的时候从今天的认识出发做道德判断。历史的现代化是一个非常危险的趋势。所以，在研究历史的时候，最明智的做法就是遵循邓小平在谈到中苏关系正常化时所说的话，即“结束过去，开辟未来”。当然这并不意味着要禁止历史学家研究过去，只是在研究和评价两国关系的历史时要谨慎，毕竟今天对刚过去的这段历史的研究不可能是一锤定音的，因为能够完整说明过去历史的许多官方文件迄今为止还保存在档案馆中没有解密。所以，在这个问题上进行研究一定要小心谨慎。

俄罗斯汉学家通过著书立说和发表文章，长期致力于促进两国人民加深相互了解。远东研究所正在实施的一个研究计划，是出版苏共与中共关系史、共产国际与中共关系史的文件集，以期对过去两国关系史中一些比较复杂的问题提供客观全面的史料。我们历时10年出版了4卷《联共（布）、共产国际与中国》文件集。遗憾的是，这个项目的两个主持人舍维廖夫教授和格卢宁博士都已不在人世了，另一个主持人格里高利耶夫教授也因重病不能继续工作了。我们其余的编者正在进行该文件集第5卷——《联共（布）、共产国际与中国抗日战争（1937～1945）》的编辑工作，希望此卷出版后，能够有助于中国学者更深刻、更全面地了解那段时期的历史。

在中苏关系疏远、甚至是紧张的时候，俄罗斯汉学家始终忠诚地捍卫着中俄两国人民间的友好。在中国“文化大革命”时期，当彭德怀、刘少奇、陈云等中共领导人，以及老舍、巴金等中国的文化界人士被打倒时，我们没有加入对他们的公开批判，而是出版了他们的著作，向苏联人民介绍他们为中国解放事业所做的贡献。我们再版了《诗经》，翻译出版了《水浒传》、《三国演义》、《红楼梦》和《西游记》，出版了40卷本的《中国文学史》（从远古到现代），翻译出版了蒲松龄、鲁迅、闻一多、老舍、巴金、郭沫若、丁玲、茅盾、王蒙等从古代到现当代作家的文学作品，为大中学生出版了2卷本的《中国文选》。远东研究所还出版了一部独特的专著，即《中国哲学史百科全书》，这是用欧洲语言出版的第一本相关著作。我们现在即将完成的一部5卷本的百科全书，书名是《中国精神文明》。根据齐赫文斯基院士的倡议，我们目前又开始准备出版一部10卷本的《中国历史》（从古代到现代）。近年来，我们也出版了一些中国哲学家如孔子、孟子、庄子、荀子、墨子等的经典著作以及司马迁的《史记》。

遗憾的是，在俄罗斯的一些出版物中，经常会遇到一些对历史事件的评价不尽客观、不尽准确的现象。我们很高兴中国朋友没有忘记在中国成立之初苏联专家对中国建设的帮助，当然中国也有一些不正确的说法，例如说苏联当时向中国提供的是旧的、二手的技术和设备，事实是，苏联并没有像西方国家那样，而是向中国提供了最新的技术和设备。很多事实都见证了苏联的国际主义精神。为中国牺牲的苏联战士的墓地，至今在中国东北等地仍被保存得非常完好。

这里给大家展示的是在为《联共（布）、共产国际与中国》第5卷找材料时发现的一份会议纪要副本。1941年，德国入侵并占据了大片苏联国土，斯大林发表讲话说“卫国战争开始了。”在我们国家面临生死考验之际，苏共中央政治局在7

月3日召开会议。会议议程有179个问题，其中最后两个问题是关于共产国际的。第178个问题的决议是：向共产国际拨款20万美元，用以支持国外的共产党（该决议的执行者是共产国际负责人季米特洛夫和苏联的财政部长）；第179个问题的决议是：向共产国际拨款100万美元，用以支持中国共产党（这是给别国共产党拨款总额的5倍，而当时的100万美元相当于现在的1亿美元）。这份绝密文件是在最近才解密的。

最后需要指出的是，普京总统对深入研究中国非常重视，他已经指示俄罗斯政府及相关部门要加强俄罗斯汉学研究的物质和人员基础。希望这个指示能最终使我们克服目前发展中的困难，并使我们汉学家的队伍年轻化。目前，远东研究所研究人员的平均年龄是65岁。中俄战略协作伙伴关系，具有非常强大的和牢固的文化政治基础，我们之间出现的所有问题都可以在友好的精神下通过政治手段顺利得以解决。这是历史的要求，也是我们未来几代人的要求。

附：

М·Л·季塔连科院士回答听众提问

问：俄罗斯过去的改革进程中，在处理改革、发展与稳定的关系方面有什么经验和哪些值得深入思考的地方？

答：这个问题不容易回答，比较复杂，需要分析中俄两国改革的相似和不同之处，对改革开放政策所持的态度如何，以及在保持稳定过程中可以利用的因素，等等。

俄罗斯改革的核心问题是私有化，是如何以最短时间打破原有经济体制的基础，并形成一个愿意支持新经济制度和所有制形式的阶层。我们可以拿美国洛克菲勒家族来做比较，不论其采取何种手段，这个家族花费了100年时间才成为巨富。俄罗斯在改革初期的情况并非如此，它是从政治上决定要制造一个富裕的私有阶层。例如俄罗斯首富霍多尔科夫斯基，他在改革前是共青团的一个区委书记，后来到共青团中央负责一些经济事务，苏联解体后，共青团的一些资金就变成了他的个人财富。所以，俄罗斯最初的改革就是要产生一批资本家，为私有化创造条件，并保证其后私有化的成果不被改写，不被重新分配。

从投资的角度来讲，中国的投资规模是非常庞大的，而俄罗斯不是，它是在利用苏联解体时遗留下来的现成的资源和设备来进行生产。俄罗斯有人批评中国不向俄投资，但我们也理解为什么会出现这种状况。西方国家向俄罗斯的投资，不是为了俄罗斯的发展，而是为了掠夺资源，是摧毁性的。这种投资没有促进俄罗斯经济的发展，反而挑起了俄罗斯不同地区间的矛盾和冲突。

普京执政之后，开始设法改变这种局面，但这需要时间。首先是要加强垂直政权体系，强化国家的作用。这一点在一定意义上也是在向中国学习。现在普京提出全国性的四大计划，其主要目标是要维护社会的稳定，即在一定程度上缓解私有化过程中对人民劫掠的后果。在俄罗斯这样一个文化和教育高度发达的国家里，现在面临的最大问题是：由于工资极低，只能维持民众基本的生存，而无法维持与其教育程度相配的体面的生活方式，人们已经失去了劳动的动力。普京总统提出要在2010年将俄罗斯的GDP翻一番，更准确的说，普京的任务是要将俄罗斯的状况恢复到苏联解体时的水平。然而，在私有化中获利的集团和力量却极力阻止这一进程。普京将这四大计划——教育、卫生医疗、农业和住宅等工作的具体实施交给了他最信任的第一副总理梅德维杰夫，但是，我们很多人对此并不乐观。

我想强调的是，普京执政的几年首先是稳固了国家政权，他最主要的贡献是在俄罗斯恢复了统一的法律空间。此前各地区各自立法，国家立法只是招牌，不起任何作用。因为叶利钦当年曾说过主权能消化多少就拿多少。这使得有一个时期俄罗斯的确处于解体的边缘。美国也不断在策划一些共和国的独立。普京的努力就是要使俄罗斯不成为别国的傀儡，这就要求必须整顿政权与传媒之间的关系，但遗憾的是，现在评判俄罗斯的是那些多如牛毛的外国基金会的代表。普京的努力招致西方媒体的批评，被污蔑为搞集权、压制民主，他甚至被公然说成是法西斯分子。这个问题的关键是，服从美国就是搞民主，否则就是独裁和集权。格鲁吉亚总统在各种场合都严厉地批评俄罗斯，要求俄罗斯用国际市场一半的价格向其销售石油，并要俄罗斯用很高的价格来购买格鲁吉亚的水果和葡萄酒。与此同时，格鲁吉亚却成为南方高加索分离主义分子的庇护所。

普京捍卫俄罗斯的国家利益，得到了我们国家大多数人的支持，因为这涉及维护我们国家领土完整的重大问题。普京另一个得到多数人支持的政策，就是放弃了单方面靠近美国或欧洲的做法，而是考虑到我们既是一个欧洲国家，也是一个亚洲国家。普京非常重视发展同中国的关系，并将其视为俄罗斯长期发展的一个重要因素。

（本文由张勉励整理）

JING YONG LI
旌勇里国史讲座
GUO SHI JIANG ZUO

中俄战略协作伙伴关系中的经济因素

主讲：[俄] 沙巴林

作者简介

[俄] 沙巴林

经济学博士，高级研究员，俄罗斯科学院远东研究所。

中俄两国从双边关系和全球化进程中所面临的共同问题以及自身的根本利益出发，选择了具有远大前景的关系模式，即平等互信的战略协作伙伴关系。这种关系来自两国长期战略利益的契合，它比盟友关系的基础更为宽泛和牢固。中俄战略协作伙伴关系有两个特点：它既允许实现各自国家的利益，同时也不限制伙伴自由做出选择，不限制其回旋余地；它不是单一的关系，而是可以在多个国家之间互相建立，例如在中美、俄美之间都可以建立战略伙伴关系。战略伙伴之间这种责任的有限性，促使双方在双边关系中保持一定的灵活性，并在处理分歧和争议问题时能够相互理解，保持和谐一致的立场。

一、两国经济合作的发展状况及存在的主要问题

在上述认识的基础上，我想谈一谈中俄战略协作伙伴关系中的经济因素。

目前，中俄两国政治关系处于非常高的发展水平。双方于2001年正式签订了《中俄睦邻友好合作条约》；2004年又签署了《中俄国界东段补充协定》，最终全面解决了中俄边界问题。其中，在前一个文件里，战略伙伴问题更多涉及的是经济领域。从这个意义上讲，中俄关系正处于一个新的发展阶段的开端——确立两国经济的共同发展战略和合作机制，但现在这个门槛还没有跨过去。

中俄两国双边贸易额现已接近300亿美元，这是令人高兴

的成绩。但分析显示，贸易额的增长主要是由于价格的增长。例如，俄罗斯石油制成品的出口减少了4%，但按价格计算却增长了36%。而且俄罗斯的进出口结构并不好。目前，中俄双边贸易额仅是中美贸易额的1/8。按官方数据，中俄贸易中俄方顺差为27亿美元；中美贸易中中方顺差达2000亿美元。所以说，我们可以对中俄贸易的现状鼓掌，但掌声不会太热烈。

中俄两国目前还在军事技术、航空航天、核能利用等科技领域展开合作。但从总体来看，两国的科技合作尚处于商业化阶段，因此造成了一些问题，比如，两国在高科技领域的合作就落后于俄罗斯同西方国家的类似合作。

投资是另一个尤其重要的问题。中俄两国在此领域已做了一些积极的工作，例如举办中俄投资论坛，但目前还是在原地踏步。截至2005年，中国对俄罗斯的投资总额为8亿美元，俄罗斯对华投资总额为5亿美元。这种投资数额对这样两个大国来说是微不足道的。相比之下，美国对华投资是中俄相互投资总额的30~35倍。而从总体来看，中俄两国还是有资金来相互投资的。2005年，中国在海外的投资总额达150亿美元（不包括香港）；2000~2004年的5年间，俄罗斯私营经济资本净流出达600亿美元。列举以上数字比泛泛而论更具有说服力。目前，中国外汇储备已达约8200亿美元，俄罗斯达2350亿美元，但是两国的相互投资却处于裹足不前的状况，因此有必要加强国家的调节作用。

当然，这个问题并不简单。如何解决呢？在俄罗斯人们常说“三驾马车”，就是说用三匹马套的车跑得快。这里，我想谈谈中俄经济合作中“三匹马”的问题。

“第一匹马”是能源领域的合作。已经取得的重要成果是，在向中国输出石油的问题上俄罗斯同中国达成了一个妥协性协议，决定建设到中国的原油和天然气管道支线；同时还确立了一个重要的原则，即在能源合作上，双方可以坚持多元化策略，可以自由地选择符合自己利益的合作方式。中俄两国石油生产企业已签订了一系列的合作协议，但这些协议只是意向性的，既没有谈到投资问题，也没有谈到所有权问题。俄罗斯政府现批准了到2020年前的能源战略，中国也制定了一个类似的发展计划。虽然两国都已有了各自的长期能源发展计划，但相互之间却缺乏协调。这同样需要加强国家的调节作用。

“第二匹马”是俄罗斯利用中国劳动力的问题。俄罗斯媒体常报道说，中国人在远东地区进行扩张。这对两国的合作会有不好的影响，但只是次要问题。至于说究竟有25万、30万还是40万中国公民在俄罗斯境内务工，或是说在远东地区有多少中国非法移民，这些同样都是次要问题。重要的是中俄之间缺乏解决这一问题的共同的战略态度。我认为只有把劳动力流和投资流连接在一起，才能解决问题。这个问题之所以解决起来很难，是由于目前仅是从企业的层面来解决，而从国家层面来说尚没有解决的机制。

“第三匹马”是中俄运输大通道的问题。首先必须把两国边境口岸通道的过货能力至少扩大一倍，还有就是应把西伯利亚大铁路与朝鲜铁路联结起来。这个工作的实现也需要发挥国家的调节作用。

经济因素在中俄战略协作伙伴关系中具有非常重要的作用，因为经济合作给两个国家都会带来利益。考虑到经济发展的依赖性等因素，中美在经济方面的合作，可能比中俄合作更为重要。但作为经济学家，我个人认为，政治问题的解决更具灵活性，可以今天解决，也可以明天解决，而经济关系则不同，建立起来很难，改变起来也很难。

总之，俄中战略协作伙伴关系并不是建立在广泛坚实的经济基础之上的，甚至如有些中国学者所说的，我们建立的是一个没有地基的高层建筑。

二、提升两国经济合作需要消除的主要障碍

上面我们已经谈过，中俄两国在经济合作领域的基础还十分薄弱，之所以形成目前这种状况，是由于两国间存在着许多一时难以解决的问题，主要是：

首先，中俄两国在发展对外经济关系时会更多考虑自身的经济利益及互惠原则，而考虑国家利益相对较少。这是很自然的现实，但问题是，商业上的利益有时会遮盖我们的战略目标。无论是两国之间友谊的口号，还是两国领导人之间的亲密关系，在市场经济条件下都不能取代企业所追逐的商业利益。只有国家才能消除过度商业化的后果。

其次，在经济上，中俄两国间的相互作用已经发生了质的变化。1989 年，苏联的 GDP 是中国的 2 倍，而现在正相反，中国的 GDP 是俄罗斯的 2 倍多。这种情况表明，中俄应对两国的经济关系进行结构性的大规模调整，而这样的调整需要时间。

第三，中俄两国在经济领域尚缺乏明确的战略合作计划，

也没有建立起相互协调的机制，而这当然也需要时间。

第四，中俄两国交往中仍然存在一些不信任因素。两国国内都有一些力量主张优先发展同欧洲和美国的经济关系。

在大家看来，以上的阐述可能有些悲观。但我想说的是，我并不是悲观地来谈论这个问题，而是本着现实主义的态度。中俄战略协作伙伴关系发展的现状和前景，必须也只能在综合政治、经济、军事、外交、文化等诸多因素的基础上进行评价。通盘来看，我们可以对俄中关系的现状表示满意，并对其未来充满信心，但需指出的是，俄中在经济领域重大合作项目启动和完成之前的未来几年里，两国关系仍将持续目前的状况，很难有重大的质的进展，形象地说，是持续“走”下去，而不是“跑”。某些官方人士曾经提出理想化的目标，即到2010年将两国双边贸易额增加到1000亿美元，这是缺乏现实根据的。

众所周知，2005年7月俄中两国签署了《关于21世纪国际秩序的联合声明》，那么是不是还应该着手准备一个“俄中关于21世纪经济战略协作的共同声明”呢？学者们很容易提出建议，但政治家们往往不容易做到。因为准备这类文件要做大量工作，而对一系列复杂问题如相互投资、改善经济关系、优化经济模式等做出重大决策，同样需要时间。最后我想说，我们两国间目前是存在着一些问题，但我们两国关系的氛围有利于这些问题的逐步解决。

JING YONG LI
旌勇里国史讲座
GUO SHI JIANG ZUO

西方的当代中国研究

主讲：[澳] 腓特烈·泰伟斯

作者简介

[澳] 腓特烈·泰伟斯

澳大利亚莫那什大学高级研究员。1971年美国哥伦比亚大学博士班毕业，澳大利亚悉尼大学荣誉退休教授。主要著作有：《中国政治中的整肃运动，1950～1965》(1979年，1993年修订版)、《从毛泽东到邓小平》(1991年)、《毛泽东的宫廷政治——高岗事件研究》(1990年)、《毛泽东、邓子恢与1955年农业合作化高潮》(与孙万国合著，1993年)、《毛泽东领袖地位的确立——从王明归国至中共七大》(与孙万国合著，1994年)、《林彪的文革悲剧》(与孙万国合著，1996年)、《大跃进的灾难与中共高层政治》(与孙万国合著，1999年)。

在这次报告中，首先我将简要地回顾一下西方中国研究的研究机构，然后考察它们的历史发展（从 1949 年至今），最后，就西方对中国共产党的高层政治研究中存在的不足做一点评论。对于中国共产党历史的研究，尤其是高层政治领域的研究，西方的研究远远落后。芝加哥大学一位著名学者曾经说过：在对当代中国的研究中，虽然有许多有影响的有关高层政治的专著，但其研究并未得到很大的发展，它甚至落后于对乡村、经济、外交政策、政府机构以及中国革命历史的研究。我在评论中把重点放在以下两个主题：第一，西方的中国研究与中国的发展同步，并取得了进步，这不仅仅包括对某事件或者某问题的研究。中华人民共和国的一些官方机构或组织的一些观念和观点，也对研究有很大的帮助。第二，西方对当代中国的研究无论是在政治还是学术方面都紧跟美国，在西方的当代中国这一研究领域，美国居于主导地位。

一、西方中国研究的机构：美国占据主导

虽然在欧洲、亚洲以及澳大利亚有许多研究中国的机构，但无论是从专家的数量还是研究成果的数量来说，美国都占据主导地位。例如，在国际互联网上有一个专门探讨当代中国问题的小组，美国的学者人数最多，有 300 人；澳大利亚第二，可是只有 19 人。这种主导地位还反映在西方研究中国的国际

性语言是英文，美国学者的研究趋势代表了全球当代中国研究的趋势。所以，最早涉及这一研究领域的美国在国际学术舞台上居于举足轻重的地位。

在美国，一些主要的研究中心发挥着主导作用，诸如传统意义上的五大院校：哈佛大学、哥伦比亚大学、伯克利大学、密歇根大学以及斯坦福大学；此外，还有华盛顿大学、加州大学洛杉矶分校、芝加哥大学以及康奈尔大学里的一些研究中心。尤其值得一提的是，五大院校的中文图书馆中，拥有中华人民共和国建国前历史的许多资料。而且，在20世纪60年代，受到冷战中“了解你的敌人”这种观念的影响，美国政府以及一些私人机构都向这些研究机构提供资助，从而使这些研究中心得到了很快的发展，并在更广的学科领域培养新一代年轻的研究中国的专家。他们不仅做有关汉学和历史的研究，还包括政治、经济、社会学和人类学的研究。这些专家分布于美国的各大院校，甚至澳大利亚和英国。事实上，这一领域的发展趋势都由这几个中心来决定，因为那里拥有研究所需要的资料。

在其他国家，也出现了一些著名的中国研究中心，包括澳大利亚国立大学的当代中国中心、伦敦大学亚非学院、巴黎的社会科学高级学校中国中心、德国汉堡大学和海德堡大学的中国中心，但它们的规模比起美国要小很多。除美国之外，澳大利亚之所以能够成为中国研究的第二大国，主要是因为分布于澳大利亚各个院校中学者自身的努力以及机构的支持。近五年来，澳大利亚的学者出版了一系列关于当代中国研究的专著：孙万国和笔者合写的《大跃进》、戴维·古德曼（David Goodman）的《中国的南方改革》、新南威尔士大学有吉的《工业政策》、迈克·多默（Mickle Dome）的《政策贯彻的方式》以及基普·福里斯特（Keap Forest）的《浙江省的政治经济》等。

当这些著名的研究机构在20世纪60年代开始发展时，与大学的其他院系相比，在财政和政治方面都处于更有利的地位。因此，从某种程度上讲，这些研究中心的研究有条件得到较大的发展。但这并不是说学科培训被忽视；相反，这一代年轻人受到了更好的教育。不过，由于受到其他同事的影响，他们仍然被认为过多地关注了中国的特殊性，而忽视了理论研究和比较研究。这种状况一直持续到20世纪70年代。随着国际社会视中国为“朋友”而非“敌人”，这一研究领域投资减少，而且随着冷战的结束，重心也发生了变化，开始更多地关注学科院系。虽然我们可以说中国研究在理论方面仍然落后，但这种变化意味着学术成果更加独立于某一学科，尤其是对相关理论的研究。

二、西方中国研究的历史发展

西方中国研究的学者大致可以划分为三代：

第一代：“文化大革命”以前，汉学传统占据主导地位。虽然对中国共产党的革命历史也做了很多研究，但相比较而言仍然不够，关于高层政治的文章则根本没有。这一领域的权威有些曾亲身经历中华人民共和国建国前的历史，有些曾经在中国传教，所以他们的分析在很大程度上受到冷战观点的影响。

在20世纪60年代的前五年，随着新一代学者受美国政治压力的影响，研究发生了变化。

第二代学者（20世纪60年代中期到70年代末）是在“了解敌人”这一口号的背景之下受资助培养起来的，但其中一些重要人物却非常同情中国，尤其同情“文化大革命”。从广义上讲，这是反对越南战争的副产品，而且有些学者受“文化大革命”的理想主义的影响，对中国的态度比较积极。当然，这种现象维持的时间不长，在六七十年代以至于80年代，这一领域受到意识形态的影响。但这一阶段可以说是西方研究中共高层政治的高潮，许多著作试图解释“文化大革命”的起源并披露这场运动；一些专著和文章则更详细地涉及了高层政治的具体方面。此外，还有一些特殊的问题也得到了关注，如农村生活以及毛泽东思想体系。这一阶段还运用了新的研究方法和研究资料，而不像研究以前的历史那样仅仅有官方出版的资料。一个重要的方面就是通过采访逃到香港的一些人，从而了解到“文化大革命”前夕所发生的事情，并出版了许多研究成果；新的方法对有关社会的研究十分有用，但对高层政治研究则价值不大。对于“文化大革命”的讨论，尤其是《红卫兵》的出版，使高层政治成为分析研究的主要内容。

从20世纪80年代开始，第三代学者出现了。伴随着中国的发展，他们的研究开始关注改革阶段。与60年代起步阶段相比，出现了一系列更加具体的研究，尤其是微观层面的分析和研究。这些研究包括所有的学科，但绝大部分还是关于同时期的发展。同时，这也引起了一系列的思考。由于中国的对外开放带来的深刻变化，由于鼓励在广泛的领域运用不同的方法开展研究，甚至包括对中华人民共和国的研究，结果西方研究中华人民共和国的学者大量涌现；不少经历改革阶段的年轻留学生与著名的西方学者合作著书，但在价值判断方面仍遵循美国的方式，其主要倾向是对经济和政治改革表示赞成，并将其放在研究的首位。这一阶段的研究成果很多，可以说是百花齐放，其中包括社会组织方面的书，如关于1966年“文化大革命”时期工人运动的著作；尼古拉斯的《金融政策》、大卫·兰普顿的《中美关系》是关于政策方面的著作；沈大伟的《中国人民解放军》是关于具体机构和构成方面的著作。

从更广的层面讲，最后这一阶段的研究十分广泛，包括与改革和不同的社会组织相关联的政治经济方式、国家和社会的关系以及政策的贯彻和官僚政治的政策研究。目前，尽管关于政党历史的新材料越来越多，但在高层政治的研究方面，很少有学者关注对毛泽东阶段的详细研究。研究主要分为四类：（1）专题研究：如费正清关于1961～1966年历史的著作；孙万国和笔者合著的《大跃进》；奥里佛·陈的《大跃进》等。（2）实用性、说明性的论文集：乔娜森·安吉尔最近编辑出版的一本关于中共高层政治的论文集，旅居美国的中国人黄京有一本关于“山头”理论的论文集等。（3）关于中共高层政治的研究：陈力的关于领导人职业模式的著作以及约瑟夫·福佑史密斯的关于知识界的评论对政治的影响等研究。（4）文献的搜集和整理：如《天安门文件》、《第四代》等。

三、西方关于中国共产党高层政治研究的主要问题

（一）不恰当地使用有限的资料

无论是在中国抑或国外，有限的资料是影中共高层政治研究的一个不可回避的问题。在中国共产党历史的研究中，不同时期对资料的使用也有所不同，但无论何时资料都必须保证其正确性。如果资料太单薄，那么研究必须停顿下来，直到证据完备。糟糕的是，许多西方学者在没有掌握足够资料的基础上继续开展研究，他们依据不可靠的资料、官方（和准官方）的观点，甚至是一些凭直觉得到的推测，使许多人相信某些“事实”根本是不值得讨论的。但这些“事实”往往被扭曲，在一个学者使用后还会被另外一个人引用。

（二）依靠不可信的研究资料

西方对中共高层政治研究的资料经常来源于一些未得到证实或者从某种程度上讲存在明显错误的资料，尤其是中国香港和台湾出版的一些有关中国共产党的内部资料。例如：由于李志绥曾经是毛泽东的医生，所以西方的一些学者根本不考虑其观点的真实性而全盘接受，而事实上他所说的并不可靠，他所描述的许多具体的历史事件都是没有根据的。严谨的学术研究应该在使用资料前先去证实，而不是简单地引用并在此基础上加以分析。再如对改革时期中共高层权力斗争的研究，其中广泛地使用中国香港出版的资料，这些资料根本不可靠，即使某

些细节真实也不能不加选择地运用到研究领域中去。

（三）缺少对文化的敏感性

一个简单的例子就是西方学者很难理解1949年之后毛泽东那种绝对权威的地位。即使像罗斯福、丘吉尔、戴高乐这样的人物在权力方面都有限制，为什么毛泽东凭借一句话就可以解除一个人的职务，或仅仅因为他自己的坚持就采取某项政策。还有一个例子是在大卫·班兹曼的《中国的国家机构、经济和领导权》中提到的“大跃进”中毛泽东所起到的作用。所有这些都基于西方的猜测，即只注意到国家机构的重要性，却忽视了毛泽东的决定性作用以及中国的高层政治。

（四）深受中共高层“两条路线斗争”模式的影响

最能说明问题的例子是研究20世纪70年代的历史时，重复地使用错误的解释，不加批判地运用“文化大革命”期间关于中共高层政治的“两条路线斗争”的模式。笔者认为事情要比所谓“改革与非改革”复杂得多，很多事情是不能用此来解释的。比如根据西方解释，“改革派”与“非改革派”，一个是邓小平领导，一个是陈云领导，但从笔者的研究和接触的资料来看，对待不同的事物邓小平和陈云确实有不同的看法，但西方夸大了这种不同，并且变成两个敌对的阵营；实际上在中国共产党党内，陈云是接受邓小平作为党的最高领导人的地位的，最后总是服从由最高领导人做出的决定的。

（五）紧跟美国的学术研究趋势

学科院系以及专门的研究中心角色的变化，意味着越来越重视“与理论相关联”的分析，在某种程度上，为了反映最新的学术研究趋势，生硬地把中国的研究纳入到西方的模式。关于这一点，大卫·班兹曼的研究中就有一个例子，即关于“大跃进”，他的分析明显受到20世纪80年代西方政治科学中“新制度学派”的影响，但他忽略了毛泽东的因素，而这又是最关键的。这一趋势的另一个方面可以从埃弗里·戈尔茨坦（Avery Goldstein）的著作中得到反映，该书是关于1949～1978年中国的高层政治的。他在写这本书时建立了两种模式，第一种模式来自于国际关系理论，主要是一种等级制度的模式。这种模式在当代中国史上存在于1949～1966年，即中华人民共和国建国到“文化大革命”爆发。这一模式的基本假设是，当党内最高领导人做了决策之后，以下各级都不折不扣地贯彻执行，没有任何异议，整个政策的决策和贯彻完全建立在等级森严的制度之下。第二个模式与第一个模式相关，也是从国际关系理论延伸出来的，它也叫等级制度的模式，但涵义完全不同。他认为，1966～1976年这十年间，中国的等级制度表现在每个人都没有权威，既没有法律也没有权威，所以每个人都处于这样的状况，即如果不参与斗争就无法生存，因此他用这个理论来解释“文化大革命”。当埃弗里·戈尔茨坦试图解释“文化大革命”前高层政治与“文化大革命”期间在“等级”方面的不同时，并没有做基础性的研究，只是依靠西方的第二手资料去证明他的理论，其中包括笔者的著作。

以上五点严重地影响了西方对中共高层政治研究的价值。我认为，只有不懈地追求事实，拒绝运用值得怀疑的资料，对任何官方或非官方的解释都持怀疑的态度，理论研究依赖丰富的经验，研究中共党史的西方学者才能发挥更大的潜力，取得更多的有价值的成果。

（狄飞译）

JING YONG LI
旌勇里国史讲座
GUO SHI JIANG ZUO

中国近代史研究中的几个问题（摘要）

主讲：龚书铎

作者简介

龚书铎

北京师范大学历史系教授，博士生导师。曾任北京师范大学历史系主任、校务委员会副主任、北京师范大学史学研究所所长，国务院学位委员会历史学科评议组召集人，全国哲学社会科学规划中国史组副组长，中国史学会副会长，北京市历史学会会长。已出版著作有《中国近代文化探索》(增订本)、《近代中国与文化抉择》、《求是室漫笔》、《历史的回答——中国近现代史研究中几个原则问题的争论》(合著)等。现主持《中国文化通史》(北京市重点课题)、《清代理学研究》(教育部重大课题)等研究项目。《中国近代史》(合编，中华书局第 4 版)获国家教委高等学校优秀教材一等奖，2001 年教育部推荐教材。1989 年获国家级优秀教育成果奖。1999 年，论文《正确评价五四新文化运动》(《人民日报》1999 年 5 月 6 日)获中宣部“五个一工程”奖。

一、关于革命与现代化的关系

改革开放以来出现一股思潮，认为中国近代史的主线不是革命而是现代化，这种认识是不对的。因为，第一，近代中国是半殖民地半封建社会，帝国主义同中华民族的矛盾、封建主义同人民大众的矛盾，是当时中国社会的主要矛盾，离开了反帝反封建的民族民主革命，现代化就无从谈起；第二，中国近代民族民主革命的最终目标是国家的独立、民主、统一和富强，其中已经包含有争取现代化的涵义，说近代史的主线是革命并不排斥现代化；第三，不把现代化作为中国近代史的主线，不等于不研究现代化的历史进程，问题在于如果仅就现代化而谈现代化，不把它与近代中国社会性质和革命问题联系起来研究，不用阶级分析的观点和方法来研究，现代化进程中的许多问题就难以讲清楚；第四，中国近代史中究竟是以革命还是以现代化为主线的问题，涉及如何评价近代史事件和人物的问题，如果以现代化代替革命作为近代史的主线，那么整个近代历史就要重写，就会引起意识形态领域的思想混乱，就会导致严重的政治后果。

二、关于和与战的关系

甲午战争是日本策划的有准备的战争，是执行其大陆政策的产物，并不是像有些人说的“中国如果不抵抗，早就会实现现代化了”那么简单。甲午战争的失败主要不是由于中国海军力量薄弱，而是由于李鸿章之流忽视战备、避敌保船以及以夷制夷、一味求和等一系列错误的军事战略和外交政策的结果。其根本原因在于清政府的政治腐败，这在中法战争时期中国“不败而败”的事实中也得到了典型印证。正如当年《申报》所说：“从来言和必先言战，战者和之本，能战而后能和，没有不能战而和者也。”“必能战而后能守，能战守而后能和，二策相为表里，缺一不可者也。倘不能战而退守则为怯敌，不能守而议和则为请降。”不论是和战，还是和战守，能战是根本。

三、关于中西文化关系

鸦片战争以后，如何对待中国固有文化与西方文化，一直是人们争论不休的问题。归纳起来，大体有四种主张：固守中国传统文化，反对和排斥西方文化；中学为体，西学为用；全盘西化；汇通中西文化，认为对中国传统之学不可一概吸收，对外国输入之学也不能一概拒绝，只能食其精华，去其糟粕，把“古今东西”熔铸一炉，创造近代中国的新文化。其中第四种主张，是符合中国文化发展轨道的选择，也是近代中国正确对待中西文化的优良传统，后来为中国共产党和毛泽东所继承发展。

近代中国在吸收西方文化过程中，有三个特点值得肯定和弘扬：一是吸收西方文化的目的是为了救亡图存，振兴中华，爱国主义的精神非常强烈；二是吸收西方文化具有主动性，并非被动地靠外国传教士的传播；三是在吸收西方文化的过程中有所选择，不是盲目地全盘吸收，而是以我为主、为我所用。

JING YONG LI
旌勇里国史讲座
GUO SHI JIANG ZUO

中国早期现代化的历史进程（摘要）

主讲：李文海

作者简介

李文海

中国人民大学校长、教育家。早年就读于无锡洛社中学和私立无锡中学，1955 年毕业于中国人民大学历史研究班。后留校任教，历任该校中国历史教研室副主任、清史研究所副所长，历史系主任、教授、副校长及中共北京市委宣传部副部长等职。1994 年后，任中国人民大学党委书记、校长，兼任中国史学会副秘书长，全国义和团研究会会长，全国高等教育学会副会长。现为清史研究所教授、博士生导师。李文海长期从事中国近代史的教学与研究，先后发表的学术著作有《伟大的革命先行者孙中山》、《义和团运动史事要录》(与人合作)、《近代中国灾荒纪年》、《太平天国社会风情》等。

在中国近现代史学界目前存在着一股值得注意的史学思潮。这股思潮已渗透到中国近现代史研究的各个方面，几乎包括了对所有重大历史事件的认识和重要历史人物的评价。其焦点集中在对中国近现代历史基本发展线索以及中国近代社会应该走什么样道路的判断上，最主要的观点就是以所谓“现代化史观”替代“革命史观”。这股思潮并不是什么新思想，而是从西方某些人那里贩运来的，是西方教条主义的一种典型表现。

一、关于革命与中国现代化的关系

对中国现代化的历史并不是不应该或者不能够研究，更不是说一谈现代化就错了。问题在于，不能人为地把现代化同革命的历史割裂和对立起来，把革命和改革说成是制造社会动荡、破坏经济发展、阻碍社会进步的东西。事实上，现代化是中国人民自近代以来魂牵梦绕的不懈追求。贯穿中国近现代历史的主旋律是革命。革命不仅与现代化不相矛盾，相反是现代化最重要、最强劲的推动力量，没有革命就不可能有现代化。在中国近代历史上，从林则徐到孙中山，无一例外地充满了对祖国富强、人民富裕的热切企盼，他们对现代化的追求比谁都急迫。但他们却用主要精力去从事反对外国侵略、推翻反动统治的斗争，因为他们深知，没有这些必要的政治条件，中国的现代化就无从谈起。中共十五大报告指出：“鸦片战争后，中国成为半殖民地半封建国家。中华民族面对着两大历史任务：一个是求得民族独立和人民解放；一个是实现国家繁荣富强和人民共同富裕。前一任务是为后一任务扫清障碍，创造必要的前提。”这段话很好地说明了革命与现代化的关系。

二、中国现代化的历史特点

中国现代化历史进程有自己的特点：首先，中国现代化是在丧失了民族独立的情况下起步的，这个时候，侵略中国的列强已经完成了工业革命，并且垄断了海外市场，这一特点使得中国的现代化同帝国主义之间产生了极为复杂和微妙的关系；其次，中国现代化进程的起步是在民族资产阶级还没有形成的情况下开始的，以后在现代化进程中，民族资产阶级虽然产生了，但力量很小，也很软弱，因此始终没有能成为推动现代化进程的主角；再次，由于国内外的各种条件，决定了中国现代化经历了两个性质不同的阶段，前者是资本主义现代化，后者是社会主义现代化，从追求资本主义现代化开始，到走上并将最终实现社会主义现代化结束。

三、封建统治阶级与中国现代化的关系

洋务运动是中国早期现代化的起步，但洋务运动并不是中国现代化的发展方向。因为洋务派有一条根本原则，就是决不允许触动封建统治秩序一根毫毛，所以梁启超批评洋务运动是“根本不净，百事皆非”，最后现代化也就“化”不下去了。

中国现代化在起步时之所以由封建统治阶级的某些人来推动，是因为当时在中国还没有产生资产阶级。正如马克思告诉我们的，当一个社会时代需要某种人物时，如果没有这样的人物，它就会产生这样的人物。同样的道理，当一个社会时代需要某种社会力量时，如果没有这种社会力量，它就会产生这样的社会力量。具体来讲，中国当时需要有一种社会力量来推动现代化起步，太平天国起义、戊戌变法及辛亥革命反映了这种需要，维护民族独立的意愿也反映了这种需要，既然资产阶级还没有产生，封建阶级中的某些人便很自然地会出来承担这一历史任务。

四、帝国主义与中国现代化的关系

这种关系表现在三个方面：（1）帝国主义的双重使命，一方面是破坏的使命，消灭旧的亚洲式的社会，另一方面是重建的使命，即在亚洲为西方式的社会奠定物质基础；（2）殖民主义者不自觉地传播的文明成果，不可能为中国人民所享有和收获；（3）列强在对中国进行殖民征服中，用极其野蛮的手段给中国人民带来了深重灾难，是野蛮与文明的统一。

前述错误思潮在方法论上有三个失误：一是撇开具体环境和条件，抽去政治内容，孤立地、抽象地讨论问题；二是用个别代替一般，用现象代替本质；三是只看怎么说，不管怎么做。

当代中国政治体制的鲜明特色和发展演变（摘要）

JING YONGLI
旌勇里国史讲座
GUO SHI JIANG ZUO

主讲：王一程

作者简介

王一程

中国社会科学院政治学所党委书记、所长。1970年毕业于北京大学国际政治系。1977年调北京经济学院任政治经济学教员。1991年7月调中共中央政策研究室工作，先后任党建组调研员，综合组调研员、副组长。2000年调中国社会科学院任法学所、政治学所联合党委副书记、政治学所所长、研究员。2001年兼任《政治学研究》主编、中国政治学会常务副会长。2002年任政治学所党委书记、所长。2003年任国家社科基金政治学科项目评审组成员。2004年任马克思主义理论研究和建设工程政治学教材编写课题组首席专家，中国特色社会主义民主政治建设研究课题组工作主持人，《中国的民主政治建设》白皮书撰写工作组组长。代表作有《关于反和平演变的若干思考》、《我国现阶段阶级关系变化的经济社会分析》、《加强政治学科的基本理论建设》、《坚持社会主义方向，扎扎实实推进社会主义政治文明建设》。

我国政府首次于2005年10月19日发表的《中国的民主政治建设》白皮书，全面而深入地阐述了社会主义民主政治建设的指导思想、历史进程、基本经验与原则，是我们学习研究我国社会主义革命、建设和改革的历史，特别是共和国政治建设和发展历史的指导性文献。

一、关于中国走社会主义民主道路的历史必然性问题

民主是人类政治文明发展的成果。但是，各国的民主是内部生成而非外力强加的。一个国家实行什么样的政治制度，走什么样的民主道路，要与本国的国情相适应。中国人民在中国共产党的领导下，通过新民主主义革命获得了真正当家作主的权利。新中国成立后，中国共产党领导中国人民走上社会主义道路，并从社会主义初级阶段的实际出发，坚持、发展和完善适合中国国情的社会主义民主，取得了历史性成就。人民代表大会制度、中国共产党领导的多党合作和政治协商制度、民族区域自治制度等国家民主制度不断完善和发展；城乡基层民主不断扩大，公民的基本权利得到尊重和保障；中国共产党民主执政能力进一步提高，政府民主行政能力显著增强，司法民主体制建设不断推进。中国的社会主义民主是中国人民对人类政治文明发展的重大贡献。

二、关于中国特色社会主义民主的内涵、本质与特色问题

衡量一种政治制度是不是民主的关键要看最广大人民的意愿是否得到了充分反映，最广大人民当家作主的权利是否得到了充分实现，最广大人民的合法权益是否得到了充分保障。中国社会主义民主，始终坚持以马克思主义民主理论与中国实际相结合的基本原则为指导，同时借鉴人类政治文明包括西方民主的有益成果并吸收了中国传统文化和制度文明中的民主性因素，因此是迄今人类历史上最先进的民主形态。首先，这一民主是中国共产党领导的人民民主。中国共产党的领导和执政是人民当家作主的根本政治保证，其具体实现形式主要是：(1)领导人民通过人民代表大会制度掌握国家权力，以保证国家制定的法律和方针、政策能够体现人民的共同意志，维护人民的根本利益，保障人民当家作主。(2) 领导人民依照宪法和法律规定，通过各种途径和形式，管理国家事务，管理经济和文化事业，管理社会事务，以保证国家各项事业的发展符合人民的意愿、利益和要求。(3) 领导人民实行基层民主，由群众依法办理自己的事情，通过民主选举、民主决策、民主管理、民主监督，实行自我管理、自我教育、自我服务。(4) 领导人民严格贯彻公民在法律面前一律平等的原则，使公民享有法律上、事实上的广泛的自由和权利，尊重和保障人权，维护公平与正义。其次，这一民主是由最广大人民当家作主的民主。人民当家作主是社会主义民主的本质。我国社会主义初级阶段的基本

经济制度决定，我国的民主不受资本的操纵，不是少数人的民主，而是最广大人民的民主。第三，这一民主是以人民民主专政作为可靠保障的民主。人民民主专政，在人民内部实行最广泛的民主，尊重和保障人权，保证国家权力掌握在人民手中，为人民服务；同时对破坏社会主义制度、危害国家安全和公共安全、侵犯公民人身权利和民主权利、贪污贿赂和渎职等各种犯罪行为，依法使用专政手段予以制裁，以保障最广大人民的根本利益。第四，这一民主是以民主集中制为根本组织原则和活动方式的民主。民主集中制是中国国家政权的根本组织原则和领导原则。

三、关于中国马克思主义政治学的建设和发展问题

中华人民共和国的建立为马克思主义政治学在中国的发展开辟了广阔的天地。中国共产党在长期革命斗争中把马克思主义与中国实际相结合形成的政治理论作为新中国政治建设的指导方针。工人阶级（通过共产党）领导的以工农联盟为基础的人民民主专政的国体，人民代表大会的政体，共产党领导的多党合作和政治协商制度以及民族区域自治制度等，就是中国共产党在新中国的政治建设实践中创造性地应用和丰富发展马克思主义政治理论的产物。改革开放以来，政治学在我国的恢复重建和发展，对建设以马克思主义为指导的中国政治学做出了积极贡献。然而，由于苏东剧变、世界社会主义进入低潮以及我国在深化改革、扩大开放、计划经济体制转变为社会主义市

场经济体制的进程中不断出现许多新情况、新矛盾和新问题，那种把西方政治学视为正宗政治学，认为马克思主义没有政治学或已经过时了、无用了的错误学术观点和氛围仍未得到根本扭转，马克思主义政治学理论的研究和建设面临着严峻挑战，任务艰巨而繁重。这就要求我们必须自觉地增强政治责任感和历史使命感，始终坚持贯彻马克思主义的立场、观点和方法，努力加强马克思主义理论研究和建设。

JING YONG LI
旌勇里国史讲座
GUO SHI JIANG ZUO

“两弹”突破的宝贵经验（摘要）

主讲：胡思得

作者简介

胡思得

核武器工程专家，1958 年毕业于上海复旦大学。中国工程物理研究院研究员。一直从事并先后参加或主持领导了多项核武器理论研究设计工作。在突破原子弹阶段，氢弹的研究设计和发展以及核试验的近区物理测试中做了大量组织领导工作，创造性地解决了一系列关键技术问题，为我国核武器的研究设计和发展做出了重要贡献。作为主要完成者之一，获国家科技进步奖特等奖 1 项，国家科技进步奖一等奖 3 项，二等奖 1 项，1995 年当选为中国工程院院士。

一、确定国家目标，聚集优秀人才

把发展核武器列为国家科技发展的战略目标是党和国家的英明决策，也是“两弹”事业取得成功的重要经验之一。20世纪50年代中期，在我国经济、技术基础还十分薄弱的情况下，为集中国家有限的人力、物力、财力把我国的科学技术搞上去，国家制定了《1956～1967年科学技术发展远景规划纲要(修正草案)》，首先从13个方面提出了57项重要的科学技术任务，原子能技术被列在了突出的位置。此后，我国核科学技术得到了前所未有的快速发展，核工业建设也随即全面展开。许多满怀爱国热情的优秀科技人员，如钱三强、王淦昌、彭桓武、郭永怀、程开甲、朱光亚、邓稼先等陆续聚集到这一国家目标的旗帜之下，利用有限的科学研究和试验手段，顽强拼搏，锐意创新，克服了各种难以想像的困难，突破了重重技术难关，创造了“两弹一星”的伟大成就。

二、全国一盘棋，大力组织多方协作

核武器研制属大型科学工程，不仅涉及门类众多的高新技术，而且有赖于各工业部门的大力支持，因此必须依靠多方协作，其中包括在可能的条件下的国际合作。在研制初期，我国曾努力争取也确实得到了苏联的十分有限的帮助。但在1959

年苏方撕毁协定后，中共中央决定完全依靠自己的力量研制核武器。为加强对核工业生产、建设、核武器研究和试验工作的领导，组织各有关方面大力协同，中央决定成立以周恩来总理为首的中央专门委员会。在专委会的领导下，原子弹的研制工作得到了全国 26 个部委、20 多个省（市、自治区）、1000 多家科研院所、高等学校、工矿企业的通力协作，许多科学和技术的难关迅速被攻克，有力地保证了首次原子弹试验如期实施。“两弹”突破的实践表明，在党的统一领导下，全国一盘棋、大力协同、集智攻关，充分发挥社会主义制度能集中力量办大事的优越性，是迅速发展我国高新技术的必由之路。

三、以先进的哲学思想为指导，促进科技快速发展

在研制氢弹初期，周恩来总理就指示要学习毛泽东的《实践论》和《矛盾论》，以辩证唯物主义思想指导研制工作。科学家们通过学习，形成了自觉运用辩证唯物主义思想指导科研工作的热潮。由于经济条件的限制，只通过少量的核试验就设计出先进的核武器，不仅要求科技人员有较高的学术水平和强烈的创新意识，而且还要求他们掌握并善于使用辩证的分析方法，善于抓主要矛盾。我们在制定核试验规划时，总是力求围绕核武器技术发展中的主要矛盾，用最少的核试验次数达到一个明确的阶段目标，通过几次试验使我们对核武器物理规律的认识上了一个台阶。理论与实践（试验）的紧密结合是中国突破“两弹”的一个重要特色。理论设计、冷试验（爆轰试验）和热试验（核试验）是核武器研制中三个紧密相关的环节。只

有将三者很好地结合起来，才能逐步深入掌握核武器的内在规律。每一次核试验前，理论工作者都要详尽地计算数据，提出实验要求；实验工作者则周密地制订测试方案。双方不断交流，不断切磋，共同确定测试项目和量程，共同分析实验结果。经验表明，科技人员自觉地学习和运用辩证唯物主义来指导科学研究，对推进科研工作实现大跨度的技术进步，尽量少走弯路，起着非常重要的作用。

四、发扬学术民主，组织集体攻关

充分发挥科研群体所有成员的智慧和积极性，创造一个鼓励创新的学术环境，是“两弹”突破取得成功的宝贵经验。在研制两弹初期，无论学问大小、资历深浅，大家对新的任务都很陌生。当时处于学术领导地位的专家们都虚怀若谷、不耻下问，从一开始，就形成了一种能畅所欲言、平等讨论、教学相长、鼓励创新的学术气氛。浓厚的学术民主氛围，不仅促进了大家对原子弹物理规律的深入掌握，而且对提高年轻人的科学素质起到了重要作用。

五、以任务为纲，加强学科建设和人才培养

“两弹”突破刚开始时，由于工作经历不同，大家对如何处理研制任务和学科建设的关系看法不一致。党委及时提出了“以任务为纲，任务带学科”和“边干边学，出成果，出人才”的方针，统一了大家的思想。经验表明，只要指导思想正

确，妥善处理好任务攻关与基础研究的关系，在像核武器研制这样的大科学工程中，任务攻关的实践完全可以带动相关学科的发展。这样不仅提高了研制工作的科学技术水平，还能为相关科学技术领域的持续发展、跟踪世界发展的前沿提供必要的技术储备，同时也是培养高水平科技人才的前提条件。正是在突破和发展“两弹”的过程中，造就了一批批优秀的科技人才。

JING YONGLI
旌勇里国史讲座
GUO SHU JIANG ZUO

关于苏联解体的原因（摘要）

主讲：吴恩远

作者简介

吴恩远

社科院高级职称评审委员会委员，社科院研究生院教授、博导，北京大学历史学部学术委员（1997～2003年），北京师范大学等校兼职教授。1992年获国务院颁发政府特殊津贴，1994年被社科院授予突出贡献专家。主要论文有：《论戈尔巴乔夫的“加速发展战略”》、《苏联30年代大清洗人数考》、《俄罗斯重新评价斯大林》、《对苏联解体流行观点检讨》等。为《苏联兴亡史纲》主编之一、参与写作《苏联史纲1917～1953年》、《苏联史纲1953～1964年》、《当代社会主义若干问题》、《苏联演变的历史思考》、《苏联剧变研究》等多部著作。曾获国家首届社科基金优秀成果三等奖及中宣部“五个一工程”奖，及中国社科院优秀信息特等奖和二、三等奖等。

一、研究苏联解体原因的方法论

研究苏联解体的原因必须坚持辩证唯物主义和历史唯物主义的立场、观点和方法，切忌片面性。下面，针对近年来我国史学界研究苏联解体原因的一些流行观点谈谈自己的看法。

（一）关于“苏联解体缘于苏共严重脱离群众”的观点

这一说法过于笼统，缺乏时间概念，容易造成对苏共70年历史的全盘否定。事实上，苏共在十月革命和斯大林时期尽管也有损害群众利益的不利举措，但从总体上看苏共和群众的关系是融洽的，否则就不可能取得工业化和反法西斯战争的伟大胜利。真正脱离群众是在戈尔巴乔夫时期。

（二）关于“苏共垮台的主要原因在于对马克思主义的教条化理解和思想僵化”的观点

这种观点仅仅说到问题的一个方面。应当说，苏共70年既有坚持、发展马克思主义的一面，也有背弃马克思主义的一面。从其思想特征看，既有教条主义，也有“人道的、民主的社会主义”，甚至还有修正主义……显然，只谈“教条主义”，是绝不能概括苏共全部思想特征的，不能把“教条主义”解释成导致苏联解体的唯一的思想原因。

（三）关于“苏联社会高度集中的政治和经济体制，影响了政治民主和经济发展，从而阻碍了社会进步”的观点

高度集中的政治经济体制是苏联社会的一个典型特征，但如果说这些弊端直接导致了苏联解体，则缺乏说服力。因为，这种看法忽视了这一体制在一定历史时期的合理因素。

（四）关于“苏联解体是由于苏共干部队伍腐败，党内出现一个特权阶层”的观点

首先应当肯定这个观点有正确和值得重视的一面，但是要区分分配体制中必要的“差别”与“特权”之间的界限，不能把苏联时期一些合理的工资、待遇差别也当作特权。

二、苏联解体的主要原因

苏联解体是多方面综合因素造成的，既有历史原因，也有现实原因；既有政治、经济的原因，也有文化、外交、军事等方面的原因。但从苏联当时的政治体制的实际情况出发，必须看到戈尔巴乔夫个人对苏联解体所起的作用。戈尔巴乔夫作为苏联党和国家的最高领导人，无论是领导能力、政策水平，还是思想意识、道德品质，都是不胜任的。因此，他对苏联解体负有不可推卸的责任。从政治方面看，戈尔巴乔夫全盘否定苏联的社会主义体制，否定共产党的领导，鼓吹所谓“政治体制改革”，搞无限制的民主化和公开性，致使国家失去对意识形态的控制和引导，思想上失去了统一的基础，政治上失去了领导核心。从经济方面看，戈尔巴乔夫等人推行自由主义的经济改革，完全倒向西方。他推行建立以私有制为基础的市场经济，使国家对经济的控制日益削弱，国家经济陷入瘫痪。从法理方面看，苏联宪法规定，总统的职责是维护公民权利和自由，维护宪法和法律，维护苏联和各加盟共和国的主权、国家安全和领土完整。但戈尔巴乔夫在担任总统一职时，既没有保障《宪法》不被破坏，也没有维护国家的完整。

三、苏联解体的历史因素

苏联解体固然有不容忽视的历史原因，但是借分析历史原因而全盘否定列宁和斯大林、全盘否定苏联历史的历史虚无主义倾向是完全错误的。

（一）关于十月革命与列宁

所谓“十月革命不该发生”的观点是没有任何根据的。因为，旧俄国从落后的农业国变成工业国，为战胜德国法西斯提供了强大的物质基础，充分证明了十月革命的必要性。当时，正是由于列宁突破了在社会主义革命问题上的教条主义理解，成功地领导了十月革命，才使马克思主义得以发展到列宁主义阶段。

（二）关于斯大林和斯大林模式

首先应当肯定斯大林在第二次世界大战中的伟大功绩。至于斯大林模式，不管后人如何评价，它至少在当时解决了横亘在苏联前进道路上的两个最主要问题——国家的生存和发展。事实证明，在斯大林领导下，苏联不仅彻底战胜了法西斯，而且还较好地推进了国家的现代化进程。

（三）关于“大清洗”

国内外学术界普遍认为，在“大清洗”中被镇压的人数在两千万左右。但是，首先必须指出，“镇压”一词在俄语中的内涵不直接等同于“处决”，它包括死刑、驱逐出境或流放、监禁等多种形式。其次要看到，具体人数被大大夸大了。根据各方面数据的考证，实际被镇压的人数只有现在广为流传的1/15到1/10。同时，根据最新资料，这些被镇压的人中也有相当部分属于投敌叛国之类必须镇压的人，并非全都是被误杀的。

JING YONG LI
旌勇里国史讲座
GUO SHI JIANG ZUO

美国学者眼中的邓小平（摘要）

主讲：［美］傅高义

作者简介

[美] 傅高义

美国哈佛大学费正清东亚研究中心原主任，哈佛大学社会学教授，亚洲研究协会会员，美国艺术和科学院成员。多年研究中国问题，在美国享有一流专家盛名。主要著作有：《日本第一》、《共产主义下的广州》、《先走一步》等。编著有《与中国共存——21 世纪的中美关系》等。在《国际先驱论坛报》发表文章《不要让骇人听闻的报道把中国变成敌人》，引起广泛关注。

几年前，我在当代所举办的国际论坛上谈了我对陈云的历史作用的认识（参见拙作《一个外国人眼中的陈云》，《当代中国史研究》2005 年第 2 期）。近年来，我将关注的视野转向了邓小平，借用这个机会谈点儿不成熟的看法。

一、20 世纪 70 年代末只有邓小平能够领导中国的改革开放

在当时中国的领导人中有邓小平这样的经验和背景的人很少。首先，他有军队工作的经验，在抗日战争时期曾担任八路军一二九师政委；解放战争时期曾担任晋冀鲁豫野战军和第二野战军政委，在淮海战役中担任中共前敌委员会书记。其次，他有外交工作的经验，早年曾在法国和苏联生活过，后来参加过苏共 20 大，对苏联非常了解；1974 年周恩来生病后负责外交事务，陪同毛泽东会见外宾，还去联合国参加过特别会议。再次，他有地方领导的经验，建国前领导过太行分局、中原局，建国后领导过西南局。再次，他有党务工作的经验，从 1956 年到 1966 年做了 10 年总书记，负责党的日常工作，了解中央的决策过程。他还有鲜明的性格特点，比如善于从战略角度和长远方面考虑问题，对事情的轻重缓急分得比较清楚；讲话简单直率，让人容易理解，很有说服力；用人比较准，注重领导班子作用。另外，毛泽东很注意培养他。

二、1975～1992年间与邓小平有关的一些重大历史事件

可以列举的重大事件有：（1）1976年4月5日天安门事件，这个事件表明全国人民非常支持他回来工作。（2）1977年恢复高考，他开始领导教育和科技工作，认识到实现四个现代化关键要靠发展教育，发展科技。（3）1978年他成功访问日本，会见了各界人士，增进了中日关系，打开了对外开放的局面。（4）1979年成功访问美国，美国《时代》周刊两次把他作为封面人物，这是外国人少有的殊荣。（5）20世纪70年代末一些农村开始包产到户，他主张贫苦地方可以根据当地实际情况大胆试验。（6）1981年制定《关于建国以来党的若干历史问题的决议》，他主张要客观地评价毛泽东的历史地位。（7）1982年他提出"一国两制"构想，为成功恢复对香港、澳门行使主权奠定了基础。（8）1984年他把改革的重点从农村转移到城市。（9）他提出要进行政治体制改革，同时认为改革不能削弱共产党的领导，不能背离社会主义道路。

三、邓小平1978年以前的经历对他领导改革开放的影响

邓小平的家乡离重庆很近，信息比四川其他地方较为灵通，他祖父和父亲的思想也比较开明，这种地理条件和家世对

他后来的发展有很深影响。他在法国看到两极分化严重的社会现实，受到周恩来、朱德、聂荣臻等的影响，走上了革命道路。五卅运动以后，他从苏联回国，做了一段地下工作，改变了从小活泼好动的性格。建国后，他在中央工作期间正是中国社会主义建设曲折发展的时期，使他充分认识到稳定对国家的重要性。“文化大革命”开始后他被打倒，在下放的三年半里思考了很多的问题，为他再次复出领导改革开放做好了思想准备。